水利水电工程质量检测人员
从业资格考核培训系列教材

金属结构
（第2版）

中国水利工程协会
丁　凯　曹征齐　郑圣义　主编

黄河水利出版社
·郑州·

内容提要

本书共分七章，主要内容包括水工金属结构质量检验内容、术语、定义和标准，焊接质量检验，防腐蚀质量检验，钢闸门质量检验，启闭机质量检验，压力钢管质量检验，清污装置质量检验等。本书主要作为水利水电工程质量检测人员从业资格注册的考核培训专用教材，也可作为大专院校相关专业的教材或参考书。

图书在版编目(CIP)数据

金属结构/丁凯，曹征齐，郑圣义主编. —2版. 郑州：黄河水利出版社，2014.6

水利水电工程质量检测人员从业资格考核培训系列教材

ISBN 978-7-5509-0768-3

Ⅰ.①金… Ⅱ.①丁… ②曹… ③郑… Ⅲ.①水利工程-工程质量-质量检验-技术培训-教材②水利发电工程-工程质量-质量检验-技术培训-教材③水利工程-金属结构-技术培训-教材④水利发电工程-金属结构-技术培训-教材 Ⅳ.①TV512②TV34

中国版本图书馆CIP数据核字(2014)第067543号

出 版 社：黄河水利出版社

地址：河南省郑州市顺河路黄委会综合楼14层　　邮政编码：450003

发行单位：黄河水利出版社

发行部电话：0371-66026940、66020550、66028024　　66022620(传真)

E-mail：hhslcbs@126.com

承印单位：河南地质彩色印刷厂

开本：787 mm×1 092 mm　1/16

印张：10

字数：220千字　　　　印数：1—2 000

版次：2010年3月第1版　　　　印次：2014年6月第1次印刷

2014年6月第2版

定价：50.00元

水利水电工程质量检测人员
从业资格考核培训系列教材

金属结构

(第2版)

编写单位及人员

主持单位　中国水利工程协会

编写单位　北京海天恒信水利工程检测评价有限公司
　　　　　中国葛洲坝水利水电工程集团有限公司
　　　　　水利部水工金属结构安全监测中心
　　　　　水利部小浪底水利枢纽建设管理局
　　　　　山东省水利勘测设计院

主　　编　丁　凯　曹征齐　郑圣义

编　　写　(以姓氏笔画为序)
　　　　　丁　凯　马志飞　王守运　杜培文　杨光明　宋善文
　　　　　郑圣义　祝凤山　郭德生　曹征齐　魏　皓　蹇俊峰

统　　稿　郑圣义

工作人员　郭宝霞　刘鸿斌　夏　凌　刘　倩

序

水利水电工程的质量关系到人民生命财产的安危,关系到国民经济的发展和社会稳定,关系到工程寿命和效益的发挥,确保水利水电工程建设质量意义重大。

工程质量检测是水利水电工程质量保证体系中的关键技术环节,是质量监督和监理的重要手段,检测成果是质量改进的依据,是工程质量评定、工程安全评价与鉴定、工程验收的依据,也是质量纠纷评判、质量事故处理的依据。尤其在急难险重工程的评价、鉴定和应急处理中,工程质量检测工作更起着不可替代的重要作用。如近年来在全国范围内开展的病险水库除险加固中对工程病险等级和加固质量的正确评价,在今年汶川特大地震水利抗震救灾中对震损水工程应急处置及时得当,都得益于工程质量检测提供了重要的检测数据和科学评价意见。实际工作中,工程质量检测为有效提高水工程安全运行保证率,最大限度地保护人民群众生命财产安全,起到了关键作用,功不可没!

工程质量检测具有科学性、公正性、时效性和执法性。

检测机构对检测成果负有法律责任。检测人员是检测的主体,其理论基础、技术水平、职业道德和法律意识直接关系到检测成果的客观公正。因此,检测人员的素质是保证检测质量的前提条件,也是检测机构业务水平的重要体现。

为了规范水利水电工程质量检测工作,水利部于2008年11月颁发了经过修订的《水利工程质量检测管理规定》。为加强水利水电工程质量检测人员管理，中国水利工程协会根据《水利工程质量检测管理规定》制定了《水利工程质量检测员管理办法》，明确要求从事水利水电工程质量检测的人员必须经过相应的培训、考核、注册，持证上岗。

为切实做好水利水电工程质量检测人员的考核培训工作，由中国水利工程协会主持，北京海天恒信水利工程检测评价有限公司组织一批国内多年从事检测、试验工作经验丰富的专家、学者，克服诸多困难，在水利水电行业中率先编写成了这一套系列教材。这是一项重要举措，是水利水电行业贯彻落实科学发展观，以人为本，安全至上，质量第一的具体行动。本书集成提出的检测方法、评价标准、培训要求等具有较强的针对性和实用性，符合工程建设管理要求和社会实际需求；该教材内容系统、翔实，为开展质量检测人员从业资格考核培训工作奠定了坚实的基础。

我坚信，随着质量检测人员考核培训的广泛、有序开展，广大水利水电工程质量检测从业人员的能力与素质将不断提高，水利水电工程质量检测工作必将更加规范、健康地推进和发展，从而为保证水利水电工程质量、建设更多的优质工程、促进行业技术进步发挥巨大的作用。故乐为之序，以求证作者和读者。

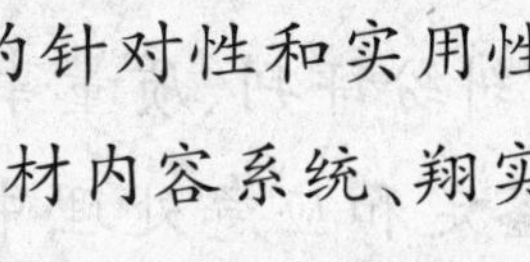

2008年11月28日

第 2 版前言

《水利水电工程质量检测人员从业资格考核培训系列教材》(一套 7 册)伴随水利行业对从事水利水电工程质量检测业务的单位实行资格管理、对质量检测从业人员实行行业自律管理已经 6 年。本套教材在促进水利水电工程质量检测从业人员的能力与素质不断提高和水利水电工程质量检测工作更加规范、健康发展及水利水电行业质量检测技术进步,以及水利水电工程建设质量管理水平提高等方面都起到了巨大作用。

6 年来,广大教材使用者对本套教材提出过很多宝贵意见。作为本套教材的编者,我们也在不断地研究学习,特别是 6 年中,本套教材涉及的部分技术标准发生了很多更新变化,还有些新技术、新仪器、新方法得到了应用,促使我们与时俱进,顺应需要,重新修编改版了本套教材。

此次修编改版的教材,仍按水利行业资质管理的专业划分,分为 5 个专业类别。考虑到篇幅和内容,本套教材仍以《质量检测工作基础知识》、《混凝土工程》、《岩土工程》(岩石、土工、土工合成材料)、《岩土工程》(地基与基础)、《金属结构》、《机械电气》、《量测》一套 7 册出版。其中重新修编的《金属结构》教材,将"无损检测"和"制造与安装"两部分内容合为一册;其他分册教材除对发生变更的技术标准进行了更新并删除了部分作废技术标准外,还增加了部分新内容,以期达到本版教材采用依据的技术标准最新、涉及的试验检测方法更全的修编改版目的。

由于编写与修编人员水平有限,本次修编改版的教材中肯定会有疏漏和谬误之处,望广大教材使用者海涵并批评指正。

编　者

2014 年 4 月 4 日

前 言

随着我国水利水电事业的蓬勃发展、众多水利水电工程的兴建，工程的质量与安全问题越来越受到国家和社会的广泛关注，质量检测工作也日益得到重视。水利水电工程的质量检测工作是保证工程质量与安全的重要措施，是工程建设、运行过程中的重要环节，而水利水电工程质量检测人员的职业道德和业务素质则是保证质量检测工作科学和公正性的前提条件。为加强水利水电工程质量检测管理，规范质量检测行为，2008年11月水利部第36号令颁布了《水利工程质量检测管理规定》（以下简称《规定》），自2009年1月1日起施行。中国水利工程协会随即颁发的《水利工程质量检测员管理办法》（以下简称《办法》）也将同步施行。

《规定》中明确要求从事水利工程质量检测的单位，应当按照本规定取得相应资质，并在资质等级许可的范围内承担质量检测业务。水利工程质量检测单位资质分为岩土工程、混凝土工程、金属结构、机械电气和量测共5个类别，每个类别分为甲级、乙级2个等级。《规定》和《办法》中还明确要求从事水利水电工程质量检测的专业技术人员，应当具备相应的质量检测知识和能力，按照行业自律管理的要求，必须经过中国水利工程协会统一组织的从业资格考核考试合格、注册，持证上岗。

为了使质量检测人员系统地掌握相关专业知识和能力，由中国水利工程协会主持，北京海天恒信水利工程检测评价有限公司组织国内多年从事工程质量检测试验工作的一批专家学者，编写了《水利水电工程质量检测人员从业资格考核培训系列教材》，作为水利水电工程质量检测人员从业资格注册的考核培训专用教材，也可作为大专院校相关专业的教材或参考书。

本系列教材的编写历经三年多的时间，部分类别教材，如混凝土工程类、岩土工程类（岩石、土工、土工合成材料）及量测类等，已经过实际试讲与反复修改，是诸位专家学者结合自己多年的实践经验，在相应的规程规范基础上编写而成的。教材全面介绍了相应专业类别的各种检测试验方法，并指出了质量检测过程中的重点、难点、关键点，与相应的规程规范配合使用，是从事水利水电工程质量检测试验人员指导实际工作的工具书。教材部分内容还前瞻性地涉及某些专业领域质量检测方法技术的研究前沿和发展方向。

本系列教材按检测单位资质的分类，并考虑到内容与篇幅，将分类分册陆续编写出版，暂分为以下各册：质量检测工作基础知识、混凝土工程类、岩土工程类（岩石、土工、土工合成材料）、岩土工程类（地基与基础）、量测类、金属结构类（制造与安装）、金属结构类（无损检测）、机械电气类。

本系列教材在编写过程中，得到了水利水电行业有关部门领导和单位的重视与关怀，尤其是得到了编写人员所在单位的支持与帮助，在此一并表示感谢！

受编写人员水平所限，教材中难免存在疏漏之处，敬请读者批评指正，以便改进。

编 者

2008 年 11 月 28 日

目　录

第一章　水工金属结构质量检验内容、术语、定义和标准

第一节　质量检验内容

水工金属结构主要是用于泄水、引水、发电和通航等建筑物的各类钢闸门、压力钢管等及其相应的启闭设备。它主要包括钢闸门、拦污栅、启闭机、压力钢管、清污机以及过坝通航金属结构等。

一、钢闸门质量检验内容

水工钢结构的钢闸门品种繁多,大致可分为平面滑动闸门、平面定轮闸门、平面链轮闸门、弧形闸门、人字闸门及拦污栅等。

钢闸门在制造、安装及运行中的质量检验内容主要包括:

(1)闸门和埋件主要构件材料质量检验。

(2)焊接工艺评定及焊接工艺。

(3)闸门主要零部件材料(铸钢件和锻钢件)质量检验。

(4)闸门和埋件主体焊接结构件焊接质量检验。

(5)闸门和埋件组装质量检验。

(6)闸门和埋件防腐蚀质量检验。

(7)闸门和埋件安装质量检验。

二、启闭机质量检验内容

启闭机质量检验内容主要包括:

(1)固定卷扬式启闭机。

(2)螺杆启闭机。

(3)门式启闭机。

(4)桥式启闭机。

(5)液压启闭机。

(6)拦污栅清污机。

三、压力钢管质量检验内容

(一)压力钢管制作质量检验内容

压力钢管制作质量检验内容主要包括:

(1)钢管材料。

(2)焊接工艺评定及焊接工艺。

(3)钢管瓦片几何尺寸。

(4)钢管管节几何尺寸、纵缝焊缝检验及消应处理。

(5)岔管水压试验。

(6)伸缩节组装、水压及气密性试验。

(7)压力钢管防腐蚀检验。

(二)压力钢管安装质量检验内容

压力钢管安装质量检验内容主要包括:

(1)钢管安装始装节里程及垂直度。

(2)钢管安装的里程及高程。

(3)钢管安装焊缝检验及消应处理。

(4)压力钢管水压试验。

四、检验仪器与工具

对检验仪器与工具的主要要求有:

(1)制造、安装质量检验所使用的测量仪器与工具的精度必须达到相应检验规定的要求。

(2)制造、安装质量检验所使用的测量仪器与工具必须经法定计量部门检定合格,且在有效使用期内。

第二节 术语和定义

水工金属结构质量检测的术语和定义主要有如下内容。

(1)质量管理:确定的质量方针目标和职责,并在质量体系中通过质量策划、质量控制、质量保证和质量改进,使其实施的全部管理职能的所有活动。

(2)水工金属结构:用于泄洪、引水、发电和通航等建筑物的压力钢管、各类钢闸门和相应的启闭设备等。

(3)测量检验:将被测的长度与作为标准长度单位量相比较的过程。规定合理的测量器具(测量仪器和量具)和测量方法以及正确地处理测量过程的数据。

(4)形位公差:单一实际要素的形状所允许的变动全量和并联实际要素的位置对基准所允许的变动全量。

(5)压力钢管:坝前水流引向厂房发电机组的高压管道。

(6)平面滑动闸门:以滑道为支承的封闭坝体水道孔口的平面型闸门。

(7)平面定轮闸门:以定轮为支承的封闭坝体水道孔口的平面型闸门。

(8)平面链轮闸门:以履带为支承的封闭坝体水道孔口的平面型闸门。

(9)弧形闸门:以支铰为支承的封闭坝体水道孔口的转动弧形闸门。

(10)人字闸门:以顶底枢为支承的门体,旋转后构成人字形门体封闭水道孔口的平面型闸门。

(11)拦污栅:防止坝前水域漂浮物从发电孔口流向水轮机的平面栅体结构。

(12)浮式闸门:在门体内充泄水流,利用浮力原理封闭孔口的闸门。

(13)固定卷扬式启闭机:利用卷筒和钢丝绳操作闸门的启闭设备。

(14)螺杆式启闭机:利用螺旋副原理操作闸门的启闭设备。

(15)门式启闭机:利用门架的起升和运行机构,在坝顶轨道上行走,操作不同闸门的启闭设备。

(16)桥式启闭机:利用桥架的起升和运行机构,在高架轨道上行走,操作不同闸门的启闭设备。

(17)液压式启闭机:利用液压原理控制活塞杆升降操作闸门的启闭设备。

(18)清污启闭机:利用门架上的爬升及运行机构,在坝顶轨道上行走,清除拦污栅栅体上杂物的启闭设备。

(19)垂直升船机:利用高架上的卷扬提升设备,启闭承船厢完成船舶过坝的启闭设备。

(20)斜面升船机:利用卷扬提升设备,拖动承船厢在斜面轨道上行走,完成船舶过坝的启闭设备。

第三节　检验主要标准及规范

水工金属结构质量检验主要标准及规范有:

(1)《水利水电基本建设工程单元工程质量等级评定标准 金属结构及启闭机械安装工程》(DL/T 5113)。

(2)《水利水电工程单元工程施工质量验收评定标准 水工金属结构安装工程》(SL 635)。

(3)《水电水利工程钢闸门制造安装及验收规范》(DL/T 5018)。

(4)《水电水利工程压力钢管制造安装及验收规范》(DL/T 5017)。

(5)《水利水电工程钢闸门制造安装及验收规范》(GB/T 14173)。

(6)《水利工程压力钢管制造安装及验收规范》(SL 432)。

(7)《水利水电工程启闭机制造安装及验收规范》(SL 381)。

(8)《水利水电工程钢闸门设计规范》(DL/T 5039)。

(9)《水利水电工程启闭机设计规范》(SL 41)。

(10)《水利水电工程清污机型式 基本参数 技术条件》(SL 382)。

(11)《起重机设计规范》(GB/T 3811)。

(12)《钢制压力容器》(GB 150)。

(13)《产品几何技术规范(GPS) 几何公差 形状、方向、位置和跳动公差标注》(GB/T 1182)。

(14)《形状和位置公差 未注公差值》(GB/T 1184)。

(15)《产品几何技术规范(CPS) 极限与配合 第2部分·标准公差等级和孔、轴极限偏差表》(GB/T 1800.2)。

(16)《产品几何技术规范(GPS) 极限与配合 公差带和配合的选择》(GB/T 1801)。

(17)《液压系统通用技术条件》(GB/T 3766)。

(18)《梯形螺纹 第1部分:牙型》(GB/T 5796.1)。

(19)《梯形螺纹 第2部分:直径与螺距系列》(GB/T 5796.2)。

(20)《梯形螺纹 第3部分:基本尺寸》(GB/T 5796.3)。

(21)《梯形螺纹 第4部分:公差》(GB/T 5796.4)。

(22)《低压电器基本标准》(GB 1497)。

(23)《电气装置安装工程 盘、柜及二次回路接线施工及验收规范》(GB 50171)。

(24)《水工金属结构焊接通用技术条件》(SL 36)。

(25)《电站钢结构焊接通用技术条件》(DL/T 678)。

(26)《钢焊缝手工超声波探伤方法和探伤结果分级》(GB 11345)。

(27)《承压设备无损检测 第1部分:通用要求》(JB/T 4730.1—2005)。

(28)《承压设备无损检测 第2部分:射线检测》(JB/T 4730.2—2005)。

(29)《承压设备无损检测 第3部分:超声检测》(JB/T 4730.3—2005)。

(30)《承压设备无损检测 第4部分:磁粉检测》(JB/T 4730.4—2005)。

(31)《承压设备无损检测 第5部分:渗透检测》(JB/T 4730.5—2005)。

(32)《承压设备无损检测 第6部分:涡流检测》(JB/T 4730.6—2005)。

(33)《承压设备无损检测 第7部分:目视检测》(JB/T 4730.7—2011)。

(34)《承压设备无损检测 第8部分:泄漏检测》(JB/T 4730.8—2011)。

(35)《承压设备无损检测 第9部分:声发射检测》(JB/T 4730.9—2012)。

(36)《承压设备无损检测 第10部分:衍射时差法超声检测》(JB/T 4730.10—2010)。

(37)《水电水利工程金属结构及设备焊接接头衍射时差法超声检测》(DL/T 330)。

(38)《金属熔化焊焊接接头射线照相》(GB/T 3323)。

(39)《无损检测 焊缝磁粉检测》(JB/T 6061)。

(40)《无损检测 焊缝渗透检测》(JB/T 6062)。

(41)《厚钢板超声波检验方法》(GB/T 2970)。

(42)《钢锻件超声检测方法》(GB/T 6402)。

(43)《铸钢件 超声检测 第1部分:一般用途铸钢件》(GB/T 7233.1)。

(44)《铸钢件 超声检测 第2部分:高承压铸钢件》(GB/T 7233.2)。

(45)《水工金属结构防腐蚀规范》(SL 105)。

(46)《水电水利工程金属结构设备防腐蚀技术规程》(DL/T 5358)。

(47)《涂覆涂料前钢材表面处理 表面清洁度的目视评定 第1部分:未涂覆过的钢材表面和全面清除原有涂层后的钢材表面的锈蚀等级和处理等级》(GB/T 8923.1)。

(48)《涂覆涂料前钢材表面处理 表面清洁度的目视评定 第2部分:已涂覆过的钢材表面局部清除原有涂层后的处理等级》(GB/T 8923.2)。

(49)《涂覆涂料前钢材表面处理 表面清洁度的目视评定 第3部分:焊缝、边缘和其他区域的表面缺陷的处理等级》(GB/T 8923.3)。

(50)《涂覆涂料前钢材表面处理 表面清洁度的目视评定 第4部分:与高压水喷射处理有关的初始表面状态、处理等级和闪锈等级》(GB/T 8923.4)。

(51)《涂覆涂料前钢材表面处理 喷射清理后的钢材表面粗糙度特性 第1部分:用于评定喷射清理后钢材表面粗糙度的ISO表面粗糙度比较样块的技术要求和定义》(GB/T 13288.1)。

(52)《涂覆涂料前钢材表面处理 喷射清理后的钢材表面粗糙度特性 第2部分:磨料喷射清理后钢材表面粗糙度等级的测定方法 比较样块法》(GB/T 13288.2)。

(53)《涂覆涂料前钢材表面处理 喷射清理后的钢材表面粗糙度特性 第3部分:ISO表面粗糙度比较样块的校准和表面粗糙度的测定方法 显微镜调焦法》(GB/T 13288.3)。

(54)《涂覆涂料前钢材表面处理 喷射清理后的钢材表面粗糙度特性 第4部分:ISO表面粗糙度比较样块的校准和表面粗糙度的测定方法 触针法》(GB/T 13288.4)。

(55)《涂覆涂料前钢材表面处理 喷射清理后的钢材表面粗糙度特性 第5部分:表面粗糙度的测定方法 复制带法》(GB/T 13288.5)。

(56)《色漆和清漆 漆膜的划格试验》(GB/T 9286)。

(57)《热喷涂金属和其他无机覆盖层 锌、铝及其合金》(GB/T 9793)。

(58)《水工金属结构制造安装质量检验通则》(SL 582)。

第二章 焊接质量检验

焊接质量检验是始终贯穿在金属结构制造安装过程中保证和控制焊接质量的重要手段之一。焊接质量检验分为焊前检验、过程检验和焊后检验。焊前检验的目的是以预防为主,督促做好施焊前的各项准备工作,最大限度地避免或减少焊接缺陷产生的可能性。焊前检验是保证焊接质量的前提。过程检验的目的是防止和及时发现焊接缺陷,进行有效的焊接缺陷修复,保证焊接结构件在制造过程中的质量。由于条件限制,有些检验项目在制造过程中不能进行,必须对产品进行焊后质量检验,以确保焊件质量完全符合技术文件的要求。

焊接质量检验主要标准及规范有:

(1)《水工金属结构焊接通用技术条件》(SL 36)。

(2)《钢焊缝手工超声波探伤方法和探伤结果分级》(GB 11345)。

(3)《金属熔化焊焊接接头射线照相》(GB/T 3323)。

(4)《无损检测 焊缝磁粉检测》(JB/T 6061)。

(5)《无损检测 焊缝渗透检测》(JB/T 6062)。

(6)《厚钢板超声波检验方法》(GB/T 2970)。

(7)《钢锻件超声检测方法》(GB/T 6402)。

(8)《铸钢件 超声检测 第1部分:一般用途铸钢件》(GB/T 7233.1)

(9)《铸钢件 超声检测 第2部分:高承压铸钢件》(GB/T 7233.2)。

(10)《水工金属结构铸锻件通用技术条件》(SL 576)。

第一节 焊缝分类

一、闸门(含拦污栅)焊缝分类

闸门(含拦污栅)焊缝按其质量特性重要度分为三类。

一类焊缝:

(1)组成闸门主梁、边梁、臂柱的腹板及翼缘板的对接焊缝。

(2)闸门及拦污栅吊耳板、吊杆的对接焊缝。

(3)闸门主梁腹板与边梁腹板和翼缘板连接的组合焊缝或角焊缝;主梁翼缘板与边梁翼缘板连接的对接焊缝。

(4)转向吊杆的组合焊缝及角焊缝。

(5)人字闸门端柱隔板与主梁腹板及端板的组合焊缝。

二类焊缝：

(1)闸门面板的对接焊缝。

(2)拦污栅主梁、边梁的腹板、翼缘板对接焊缝。

(3)闸门主梁、边梁、臂柱的翼缘板与腹板的组合焊缝及角焊缝。

(4)闸门吊耳板与门叶的组合焊缝或角焊缝。

(5)主梁、边梁与门叶面板的组合焊缝或角焊缝。

(6)臂柱与连接板的组合焊缝或角焊缝。

三类焊缝：

不属于一类焊缝、二类焊缝的其他焊缝(设计有特殊要求者除外)。

二、启闭机焊缝分类

(一)固定卷扬式启闭机

固定卷扬式启闭机焊缝分为三类。

一类焊缝：

(1)主梁、端梁、滑轮支座梁、卷筒支座梁的腹板和翼板的对接焊缝。

(2)卷筒分段连接的对接焊缝。

(3)吊杆、吊耳板的对接焊缝。

二类焊缝：

(1)主梁、端梁、支座的腹板和翼板的组合焊缝。

(2)主梁与端梁连接的组合焊缝。

(3)吊耳板连接的组合焊缝。

三类焊缝：

不属于一类焊缝、二类焊缝的其他焊缝。

(二)移动式启闭机

移动式启闭机门架(桥架)焊缝分为三类。

一类焊缝：

(1)主梁、端梁、滑轮支座梁、卷筒支座梁的腹板和翼板的对接焊缝。

(2)支腿的腹板和翼板的对接焊缝和支腿与主梁连接的对接焊缝。

(3)卷筒分段连接的对接焊缝。

(4)吊杆、吊耳板的对接焊缝。

二类焊缝：

(1)主梁、端梁、支座、支腿的腹板和翼板的组合焊缝。

(2)主梁与端梁连接的组合焊缝。

(3)支腿与主梁连接的组合焊缝、支腿与端板连接的组合焊缝。

(4)吊耳板连接的组合焊缝。

三类焊缝：

不属于一类焊缝、二类焊缝的其他焊缝。

(三)液压式启闭机

液压式启闭机焊缝分为三类。

一类焊缝:

(1)主梁、端梁的腹板和翼板的对接焊缝。

(2)液压缸缸体对接焊缝、缸体与法兰的连接焊缝。

(3)活塞杆分段连接的对接焊缝。

二类焊缝:

(1)主梁、端梁、支座的腹板和翼板的组合焊缝。

(2)主梁与端梁连接的组合焊缝。

(3)吊耳板连接的组合焊缝。

三类焊缝:

不属于一类焊缝、二类焊缝的其他焊缝。

三、压力钢管焊缝分类

压力钢管焊缝分为三类。

一类焊缝:

(1)钢管管壁纵缝、厂房内按明管设计的钢管管壁环缝、预留环缝、凑合节合拢环缝、坝内弹性垫层管的环缝。

(2)岔管管壁纵缝、环缝,岔管加强构件的对接焊缝,加强构件与管壁相接处的组合焊缝。

(3)伸缩节内外套管、压圈环的纵缝,外套管与端板、压圈环与端板的连接焊缝。

(4)闷头焊缝及闷头与管壁的连接焊缝。

(5)人孔颈管的对接焊缝,人孔颈管与颈口法兰盘和管壁的连接焊缝。

二类焊缝:

(1)除列入一类焊缝外的其他钢管管壁环缝。

(2)支撑环对接焊缝和主要受力角焊缝或组合焊缝。

(3)明管加劲环对接焊缝。

(4)加劲环、阻水环、止推环与钢管连接的角焊缝。

(5)泄水孔(洞)钢衬和冲沙孔钢衬的纵、横(环)缝。

三类焊缝:

不属于一类焊缝、二类焊缝的其他焊缝。

第二节　焊缝工艺评定

一、焊接工艺评定的目的

焊接工艺评定是通过对焊接接头的力学性能或其他性能的试验证实焊接工艺规程

的正确性和合理性的一种程序。生产厂家应按国家有关标准、监督规程或国际通用的法规，自行组织并完成焊接工艺评定工作。

焊接工艺评定试验不同于以科学研究和技术开发为目的而进行的试验，焊接工艺评定的目的主要有两个：一是为了验证焊接产品制造之前所拟定的焊接工艺是否正确；二是评定即使所拟定的焊接工艺是正确的，但焊接结构生产单位是否能够制造出符合技术条件要求的焊接接头。

也就是说，焊接工艺评定的目的除验证焊接工艺规程的正确性外，更重要的是评定制造单位的能力。所谓焊接工艺评定，就是按照拟定的焊接工艺（包括接头形式、焊接材料、焊接方法、焊接参数等），根据相关规程和标准，试验测定和评定所拟定的焊接接头是否具有所要求的性能。焊接工艺评定的目的在于检验、评定拟定的焊接工艺的正确性、是否合理、是否能满足产品设计和标准规定，评定制造单位是否有能力焊接出符合要求的焊接接头，为制定焊接工艺提供可靠依据。

人们对焊接工艺评定的目的有两种不同的观点，即验证所拟定的焊接工艺的正确性，以及验证所拟定的焊接工艺的正确性并同时评定施焊单位的能力。

上述观点涉及两种不确定因素：

(1)制造单位编制的焊接工艺规程是否正确。

(2)制造单位是否具备必要的能力。

由于存在“是”或“否”这样的不确定性，各国压力容器制造规范或标准都要求在压力容器焊接开始之前，通过焊接工艺评定试验对这种不确定性做出评判。若结果是“是”，则允许进行焊接，否则便不能焊接。

美国机械工程师学会（ASME）规范认为，焊接工艺评定的目的是确定拟制造的焊件满足对预定应用场合提出的各项性能要求的能力。焊件是具体制造单位焊接制成的，确定焊件是否具有要求的性能，就是评定制造单位能否生产出满足要求的焊件的能力。

焊接工艺既包括由金属焊接性试验或根据相关的资料所拟定的工艺，同时也包括已经评定合格，但由于特殊原因需要改变一个或几个焊接条件的工艺。为了保证设备的焊接质量，对这些工艺条件都必须进行工艺评定，因为它是没有经过实际焊接条件检验的工艺。如果在施焊前不进行焊接工艺评定，那么焊后即使经无损探伤合格的焊缝，其焊接接头的使用性能未必一定能够满足质量要求，这就使压力容器产品的安全性大大降低。

焊接工艺评定在很大程度上能反映出制造单位所具有的施工条件和能力。焊接工艺评定所进行的各种试验，是结合设备的特点和技术条件，结合制造单位具体条件进行的焊接工艺验证性试验。因此，只要试验正确，经过焊接工艺评定的焊接工艺就是可靠的，并能够满足设备焊接的需要。

焊接工艺评定除验证焊接工艺是否正确外，还用以证明施焊单位是否能够焊制出符合相关法规、标准、技术条件所要求的焊接接头。在焊接工艺评定中明确规定：对于焊接工艺评定的试件，要由制造单位操作技能熟练的焊接操作者施焊。一项评定合格的焊接工艺由于施焊单位的变更有可能成为不合格的工艺,这是因为各个制造单位在技术水平上有差异,在设备条件及工作状态上不同,在生产经验等方面也存在差别所致。

二、焊接工艺评定的特点

焊接工艺评定与金属焊接性试验、产品焊接试板试验、焊工操作技能评定试验相比,有相同之处,也有不同之处,主要的特点如下:

(1)焊接工艺评定与金属焊接性试验不同。焊接工艺评定主要是验证或检验所制定或拟定的焊接工艺是否正确;而金属焊接性试验主要用于证明某些材料在焊接时可能出现的焊接问题或困难,有时也用于制定某些材料的焊接工艺。

(2)焊接工艺评定与产品焊接试板试验不同。焊接工艺评定是在施工之前所进行的施工准备过程,不是在焊接施工过程中进行的;而产品焊接试板试验则在焊接结构生产过程中进行,而且这种试板的焊接是与产品的焊接同步进行的。

(3)焊接工艺评定与焊工操作技能评定试验不同。焊接工艺评定中试件的焊接由操作技能熟练的焊工施焊,没有操作因素对工艺评定的不利影响。焊接工艺评定的目标是焊接工艺,目的是评定焊接工艺的正确性;而焊工操作技能评定中试板的焊接,则是由申请参加考试的焊工施焊。这些焊工的操作技能参差不齐,焊工操作技能影响试板的焊接质量,因此也影响评定结果。焊工操作技能评定试验评定的目标是焊工,用以考核焊工的操作技能的高低。

(4)锅炉和压力容器的焊接工艺评定是见证试验,进行评定时需要见证(Witness),也就是在焊接工艺评定时,应有官方、第三方检验人员或用户的检验人员同时在场方可进行评定。制造单位在进行工艺评定前,必须通知授权的检验人员到场,否则无效。

焊接工艺评定应以可靠的钢材焊接性能试验为依据,并在产品焊接之前完成。焊接工艺评定过程包括:拟定焊接工艺指导书、根据相关标准的规定施焊试件、检验试件和试样、测定焊接接头是否具有所要求的使用性能、提出焊接工艺评定报告,从而验证施焊单位所拟定的焊接工艺的正确性。

焊接工艺评定所用的设备、仪表应处于正常工作状态,钢材、焊接材料必须符合相应标准,由本单位技能熟练的焊接操作人员焊接试件。

评定对接焊缝焊接工艺时,采用对接焊缝试件;评定角焊缝焊接工艺时,采用角焊缝试件。对接焊缝试件评定合格的焊接工艺也适用于角焊缝;评定组合焊缝(角焊缝加对接焊缝)焊接工艺时,应根据焊件的焊透要求确定采用组合焊缝试件、对接焊缝试件或角焊缝试件。焊接工艺评定的试件形式如图 2-1 所示。

焊接工艺评定是评定焊接工艺正确与否的一项科学试验,是保证焊接质量的前提和基础。从事焊接结构的制造厂,应按照国家标准和有关行业标准的规定,进行焊接工艺评定,以评定合格的记录作为焊接工艺规程的编制依据。

根据几十年积累的生产经验,国际焊接工程界逐步形成了一套焊接工艺评定规则。美国机械工程师学会(ASME)锅炉与压力容器委员会于 1940 年组织编写了世界上第

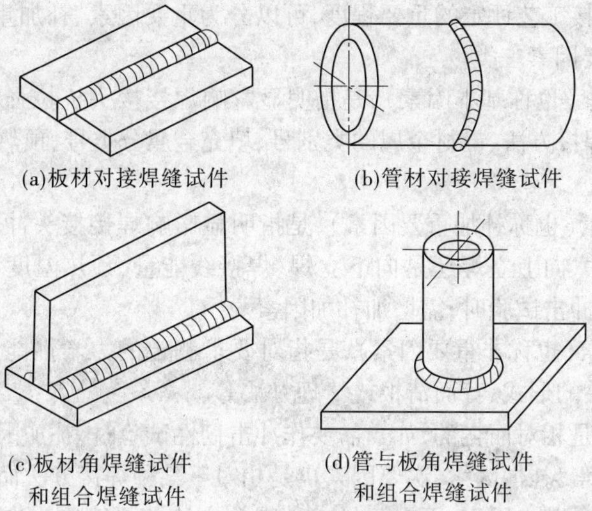

图 2-1　焊接工艺评定的试件形式

一本《焊接与钎焊工艺评定及焊工与钎焊工技能考核标准》,并于 1962 年作了重大修改和补充,成为美国 ASME 锅炉与压力容器法规的第九卷,强制性地在美国和加拿大锅炉与压力容器制造行业贯彻执行。该标准后来被许多工业国家所沿用而成为世界公认的权威性的标准。

美国 ASME 锅炉与压力容器法规包含目前世界上较科学、较完整、较合理和较系统的焊接工艺评定标准。几十年的生产经验表明,美国 ASME 锅炉与压力容器法规对焊接工艺评定的要求和规定,是控制锅炉与压力容器产品焊接质量行之有效的程序和方法。

我国颁发的《蒸汽锅炉安全技术监察规程》和《压力容器安全技术监察规程》,自 1987 年起均增加了有关焊接工艺评定的规定。该规定明确说明:"采用焊接方法制造、安装、修理和改造锅炉受压元件时,施焊单位应制定焊接工艺指导书并进行焊接工艺评定,符合要求后才能用于生产。"

每个锅炉与压力容器制造厂都必须按照上述安全技术监察规程在产品投产之前,完成必需的焊接工艺评定工作,使焊接工艺评定成为锅炉与压力容器制造厂技术准备工作中一项不可缺少的内容。这也是质量监察机构对制造厂进行安全技术检查中必须检查的项目,以证实其焊接工艺评定报告的合法性和正确性。

美国 ASME 锅炉与压力容器法规明确规定,每个承担锅炉和压力容器生产任务的制造厂必须具备两个先决条件:

(1)应当制定出能指导焊工焊制产品焊缝的焊接工艺规程。

(2)必须按标准通过焊接试板和试样的检验,证明按该焊接工艺规程焊接的接头符合产品设计规程的要求。

焊接工艺评定报告应由企业管理者或管理者代表审查签字,以此保证该企业可完成的工艺评定程序的合法性以及试验结果的可靠性。

焊接工艺评定的必要性基本上是按焊接工艺重要参数的变化决定的。各种焊接工艺参数按其对焊接工艺评定的重要程度,可以分为重要因素、补加重要因素(以下简称补加因素)和次要因素三类。

(1)重要因素(也称基本因素),是指明显影响焊接接头抗拉强度和弯曲性能的焊接工艺因素,如焊接方法、母材金属的类别号、填充金属分类号、预热和焊后热处理等工艺参数的变化。

(2)补加因素(也称补加重要因素),是指明显影响焊接接头冲击韧性的焊接工艺因素,如焊接方法、向上立焊还是向下立焊、焊接线能量、预热温度和焊后热处理的变化。当规定进行冲击试验时,需增加补加因素。

(3)次要因素(也称非重要因素),是指对要求测定的力学性能无明显影响的焊接工艺因素,如接头的形式、背面清根或清理方法等。

这三类因素是相对而言的,如当需要作冲击韧性试验时,补加因素就变成了基本因素。所谓基本因素、补加因素、次要因素也是相对于某种焊接方法而言的。有的参数对于这种焊接方法是基本因素,而对于另一种焊接方法却可能成为次要因素。甚至对第三种焊接方法可能成为根本不需要考虑的参数。

所有的焊接工艺参数可以按接头形式、母材金属、填充金属、焊接位置、预热、焊后热处理、所用气体、电参数和操作技术分成九大类,并分别对常用的焊接方法以表格形式列出工艺评定中应考虑的重要因素、补加因素和次要因素。

三、焊接工艺评定的规则

各种标准的工艺评定规则因产品类型不同而有差别,但基本上是对评定的条件、何种情况需进行评定和评定结果的适用(或替代)范围等做出规定。

(一)一般规则

在焊接工艺评定时,必须注意以下规则:

(1)改变焊接方法,需重新评定。

(2)当同一种焊缝使用两种或两种以上焊接方法(或焊接工艺)时,可按每种焊接方法(或焊接工艺)分别进行评定;也可使用两种或两种以上焊接方法(或焊接工艺)焊接试件,进行组合评定。组合评定合格后用于焊件时,可以采用其中一种或几种焊接方法(或焊接工艺),但要保证每一种焊接方法(或焊接工艺)所熔敷的焊缝金属厚度都在已评定的各自有效范围内。

(3)为了减少焊接工艺评定数量,可根据母材的化学成分、力学性能和焊接性能对钢材进行分类分组。①一种母材评定合格的焊接工艺可以用于同组别号的其他母材;②在同类别号中,高组别号母材的评定适用于该组别号母材与低组别号母材所组成的焊接接头;③当不同类别号的母材组成焊接接头时,即使母材各自都已评定合格,其焊接接头仍需重新评定。但类别号为Ⅱ、组别号为Ⅵ-1的同钢号母材的评定适用于该类别号或该组别号母材与类别号为Ⅰ的母材所组成的焊接接头。

(4)试件的焊后热处理应与焊件在制造过程中的焊后热处理基本相同。在消除应力热处理时,试件保温时间不得少于焊件在制造过程中累计保温时间的80%。改变焊后热处理类别，需重新评定。

（5）采用焊缝试件按照相应的标准评定合格的焊接工艺，不仅适用于具有相同厚度的工件母材和具有相同厚度的焊缝金属，而且适用于一定厚度范围内的其他工件母材和焊缝金属。因为厚度在一定范围内冷却速度相差不大，对焊缝金属的组织影响不大（其他条件不变），因而能够保证焊接接头的使用性能。评定合格的焊接工艺，对焊缝金属和母材厚度都有一定的适用范围。

评定合格的对接焊缝试件的焊接工艺适用于焊件的母材厚度和焊缝金属厚度的有效范围见表2-1。

表2-1　焊接工艺适用于焊件母材厚度和焊缝金属厚度的有效范围　（单位：mm）

试件母材厚度（T）	适用于焊件母材厚度的有效范围	
	最小值	最大值
$1.5\leq T<8$	1.5	$2T$，而且不大于12
$T\geq 8$	$0.75T$	$1.5T$
试件焊缝金属厚度（t）	适用于焊件焊缝金属厚度的有效范围	
	最小值	最大值
$1.5\leq t<8$	不限	$2t$，而且不大于12
$t\geq 8$	不限	$1.5t$

当采用两种或两种以上焊接方法（或焊接工艺）焊接的试件评定合格后，适用于焊件的厚度有效范围，不得以每种焊接方法（或焊接工艺）评定后所适用的最大厚度进行叠加。当试件采用表2-2所列焊接条件时，焊件的最大厚度需按表2-2确定。

表2-2　焊接工艺适用于焊件的最大厚度　（单位：mm）

序号	试件的焊接条件	适用于焊件的最大厚度	
		母材（T）	焊缝金属（t）
1	除气焊外，试件经超过临界温度的焊后处理	$1.1T$	—
2	试件为单道焊或多道焊时，若其中任一焊道的厚度大于13 mm	$1.1T$	—
3	气焊	$1T$	—
4	电渣焊	$1.1T$	—
5	当试件厚度大于150 mm时，若采用手弧焊、埋弧焊、熔化极气体保护焊（熔滴呈短路过渡者除外）、钨极气体保护焊的多道焊	$1.3T$	$1.3t$
6	短路过渡的熔化极气体保护焊	$1.1T$	—

（6）对于返修焊、补焊和打底焊，当试件母材厚度不小于40 mm时，评定合格的焊接工艺所适用的焊件母材的厚度有效范围的最大值不限。

（7）对接焊缝试件评定合格的焊接工艺适用于不等厚对接焊缝焊件，但厚边和薄边母材的厚度都应在已评定的有效范围内。

（8）对接焊缝试件或角焊缝试件评定合格的焊接工艺用于焊件角焊缝时，焊件厚度的有效范围不限。

(9)板材对接焊缝试件评定合格的焊接工艺适用于管材的对接焊缝,反之亦然;板材角焊缝试件评定合格的焊接工艺适用于管与板的角焊缝,反之亦然。

(10)当组合焊缝焊件为全焊透时,可采用与焊件接头的坡口形式和尺寸类同的对接焊缝试件进行评定;也可采用组合焊缝试件加对接焊缝试件(后者的坡口形式和尺寸不限定)进行评定。此时,对接焊缝试件的重要因素和补加因素应与焊件的组合焊缝相同。当组合焊缝焊件不要求全焊透时,若坡口深度大于焊件中较薄母材厚度的一半,按对接焊缝对待;若坡口深度小于或等于焊件中较薄母材厚度的一半,按角焊缝对待。

(11)当变更任何一个重要因素时,都需要重新评定焊接工艺。当增加或变更任何一个补加因素时,可按增加或变更的补加因素增焊冲击韧性试件进行试验。当变更次要因素时,不需重新进行焊接工艺评定,但需重新编制焊接工艺指导书。

各种焊接方法的焊接工艺评定重要因素和补加因素见表2-3。

表2-3　各种焊接方法的焊接工艺评定重要因素和补加因素

类别	焊接条件	重要因素						补加因素					
		气焊	手弧焊	埋弧焊	熔化极气体保护焊	钨极气体保护焊	电渣焊	气焊	手弧焊	埋弧焊	熔化极气体保护焊	钨极气体保护焊	电渣焊
填充材料	1. 焊条型号、牌号	—	△	—	—	—	—	—	—	—	—	—	—
	2. 当焊条牌号中仅第三位数字改变时,由非低氢型药皮焊条代替低氢型药皮焊条	—	—	—	—	—	—	—	△	—	—	—	—
	3. 焊条的直径改为大于6 mm	—	—	—	—	—	—	—	△	—	—	—	—
	4. 焊丝型号、牌号	△	—	△	△	△	—	—	—	—	—	—	—
	5. 焊剂型号、牌号;混合焊剂的混合比例	—	—	△	—	—	△	—	—	—	—	—	—
	6. 添加或取消附加的填充金属;附加填充金属的数量	—	—	△	△	—	—	—	—	—	—	—	—
	7. 实芯焊丝改为药芯焊丝,或反之	—	—	—	△	—	—	—	—	—	—	—	—
	8. 添加或取消预置填充金属;预置填充金属的化学成分范围	—	—	—	—	△	—	—	—	—	—	—	—
	9. 增加或取消填充金属	—	—	—	—	△	—	—	—	—	—	—	—
	10. 丝极改为板极或反之,丝极或板极牌号	—	—	—	—	—	△	—	—	—	—	—	—
	11. 熔嘴改为非熔嘴或反之,熔嘴牌号	—	—	—	—	—	△	—	—	—	—	—	—

续表 2-3

类别	焊接条件	重要因素						补加因素					
		气焊	手弧焊	埋弧焊	熔化极气体保护焊	钨极气体保护焊	电渣焊	气焊	手弧焊	埋弧焊	熔化极气体保护焊	钨极气体保护焊	电渣焊
焊接位置	从评定合格的焊接位置改变为向上立焊	—	—	—	—	—	—	—	△	—	△	△	—
预热	1. 预热温度比评定合格值降低 50 ℃以上	—	△	△	△	△	—	—	—	—	—	—	—
	2. 最高层间温度比评定合格值高 50 ℃以上	—	—	—	—	—	—	—	△	△	△	△	—
气体	1. 可燃气体的种类	△	—	—	—	—	—	—	—	—	—	—	—
	2. 保护气体的种类；混合保护气体配比	—	—	—	△	△	—	—	—	—	—	—	—
	3. 从单一的保护气体改用混合保护气体，或取消保护气体	—	—	—	△	△	—	—	—	—	—	—	—
电特性	1. 电流种类或极性	—	—	—	—	—	—	—	△	△	△	△	—
	2. 增加线能量或单位长度焊道的熔敷金属体积超过评定合格值（若焊后热处理细化了晶粒，则不必测定线能量或熔敷金属体积）	—	—	—	—	—	—	—	△	△	△	△	—
	3. 电流值或电压值超过评定合格值 15%	—	—	—	—	—	△	—	—	—	—	—	—
技术措施	1. 焊丝摆动幅度、频率和两端停留时间	—	—	—	—	—	—	—	—	△	△	—	—
	2. 由每面多道焊改为每面单道焊	—	—	—	—	—		—	—	△	△	△	—
	3. 单丝焊改为多丝焊，或反之	—	—	—	—	—	△	—	—	△	△	△	—
	4. 电（钨）极摆动幅度、频率和两端停留时间	—	—	—	—	—	△	—	—	—	—	△	—
	5. 增加或取消非金属或非熔化的金属成形滑块	—	—	—	—	—	△	—	—	—	—	—	—

注：符号△表示对该焊接方法为重要因素或补加因素。

（二）耐蚀层堆焊的评定规则

（1）对各种堆焊方法，凡下述工艺条件或参数发生变化的，均需重新评定：

①改变或增加焊接方法、变更电流种类或极性；

②基体钢材类别号为N时,改变组别号、改变基体钢材的类别号;

③除横焊、立焊或仰焊位置的评定适用于平焊位置外,改变评定合格的焊接位置;

④预热温度比评定范围下限降低50 ℃以上或层间温度超过评定范围的最大值;

⑤改变焊后热处理类别、焊后热处理温度下的保温时间比评定最长保温时间延长25%或更多;

⑥多层堆焊变更为单层堆焊、单层堆焊变更为多层堆焊。

(2)对于手工电弧焊,除上述规定外,在下述情况下也需重新评定:

①变更焊条型号或牌号(焊条牌号中第三位数字除外);

②当堆焊第一层焊道时,变更焊条直径或第一层施焊电流比已评定范围的上限值增加10%以上。

(3)对于埋弧焊、熔化极气体保护焊或钨极氩弧焊堆焊,除上述规定外,属下述情况变化的也需重新评定:

①变更焊丝(或钢带)、焊剂或混合焊剂的混合比例;

②变更同一熔池上的焊丝根数、添加或取消附加的填充金属;

③增加或取消焊丝的摆动,焊丝或附加的填充金属横截面面积的变化超过10%;

④焊接线能量或单位长度焊道内熔敷金属体积比评定范围的上限值增加10%以上;

⑤变更保护气体种类、保护气体混合配比,取消保护气体或保护气体流量比评定范围下限值降低10%以上。

四、焊接工艺评定的一般程序

各生产单位产品质量管理机构不尽相同,工艺评定程序会有一定差别。以下是焊接工艺评定的一般程序。

(一)焊接工艺评定立项

由生产单位的设计或工艺技术管理部门根据新产品结构、材料、接头形式、所采用的焊接方法和钢板厚度范围以及产品在生产过程中因结构、材料或焊接工艺的重大改变,需重新编制焊接工艺规程时,提出需要焊接工艺评定的项目。

(二)下达焊接工艺评定任务书

所提出的焊接工艺评定项目经过一定审批程序后,根据有关法规和产品的技术要求编制焊接工艺评定任务书。任务书的主要内容包括产品订货号、接头形式、母材钢号与规格、对接头性能的要求、检验项目和合格标准。

(三)编制焊接工艺指导书

焊接工艺指导书又称为焊接工艺规程,由焊接工程师按照焊接工艺评定任务书提出的条件和技术要求进行编制,并以焊接工艺评定报告为依据。

(四)编制焊接工艺评定试验执行计划

计划内容包括为完成所列焊接工艺评定试验所做的全部工作,如试件备料、坡口加工、试件组焊、焊后热处理、无损检测和理化检验等的计划进度、费用预算、负责单位、协作单位分工及要求等。

(五)试件的准备和焊接

试验计划经批准后即按焊接工艺指导书,领料、加工试件、组装试件、焊材烘干和焊接。试件的焊接应由考试合格的熟练焊工,按焊接工艺指导书规定的各种工艺参数施焊。焊接全过程在焊接工程师监督下进行,并记录焊接工艺参数的实测数据。如试件要求焊后热处理,则应记录焊后热处理过程的实际温度和保温时间。

(六)焊接试件的检验

试件焊完后先进行外观检查,再进行无损探伤,最后进行焊接接头的力学性能试验,如检验不合格,则分析原因,重新编制焊接工艺指导书(修改工艺或参数),重焊试件。

(七)编写焊接工艺评定报告

所要求评定的项目经检验全部合格后,即可编写焊接工艺评定报告。工艺评定报告内容大体分成两大部分:第一部分记录焊接工艺评定试验的条件,包括试件材料牌号、类别号、接头形式、焊接位置、焊接材料、保护气体、预热温度、焊后热处理制度、焊接线能量参数(如焊接电流、电弧电压、焊接速度)等;第二部分记录各项检验结果,其中包括拉伸、弯曲、冲击、硬度、宏观金相、无损检验和化学成分分析结果等。

焊接工艺评定报告由完成该项评定试验的焊接工程师填写并签字,内容必须真实完整。

除上述焊接工艺评定的一般程序外,实际评定中还应考虑下列问题。

(1)对于产品上每种需要评定的焊缝,由焊接工程师根据产品设计要求提出"焊接工艺评定任务书",经焊接责任工程师审核,总工程师批准后下达执行。焊接工艺评定任务书包括材料、简图、检验项目、焊接方法等内容。

(2)由焊接工程师根据"焊接工艺评定任务书"编制"焊接工艺评定指导书"(也称焊接工艺评定说明书),经焊接责任工程师审核后,由焊接实验室组织实施。焊接工艺评定说明书包括产品尺寸简图、焊接材料、焊接工艺参数等内容。

(3)根据焊接工艺评定指导书,在技术人员、检验人员监督下,由技术熟练的焊工焊接评定试件,评定试件不允许返修。

(4)对焊接评定试件进行外观检查、无损探伤、力学性能试验等检验。

(5)按照焊接工艺指导书的规定汇总试验数据,填写"焊接工艺评定报告",内容包括重要因素、补加因素和各项检测结果。

(6)焊接工艺评定报告经焊接责任工程师审核后,经检验、工艺科长会签再由总工程师批准生效,作为制定焊接工艺规程的依据。如果评定不合格,应修改焊接工艺评定指导书重新评定,直到评定合格。

(7)经评定合格的焊接工艺指导书可直接用于生产,也可以根据焊接工艺指导书、焊接工艺评定报告,并结合实际生产条件,制定焊接工艺规程(卡),指导焊接生产。

(8)焊接工艺评定工作和相关试验必须在制造厂内进行,所编制的焊接工艺规程只适用于该制造厂。

五、焊接工艺指导书的编制

制造单位的焊接工程人员根据结构、图纸和技术条件，通过所用金属材料焊接性试验，参考有关焊接技术资料或根据生产经验拟定一套焊接工艺，并编制出焊接工艺评定指导书(WPS)，也称焊接工艺规程。从焊接角度出发，对于任何一个焊接结构，如更换新材料、新工艺或新结构，在此之前必须做相应的焊接工艺评定或焊接性试验。

但是，具体到某个制造单位，是否一定要做焊接性试验，应对具体情况做具体分析。对于强度较低、刚度不大的材料，可借鉴外单位的试验而定。即使对强度稍高的材料，如果掌握了详尽的有关焊接性能的试验报告，对其又确信无疑，或者有关标准和规范已经对该材料作了详尽的阐述或规定时，可不必自己重做试验。但是，当为首次应用的材料或新材料而又没有详尽的试验报告或对已有的报告怀疑时，就应进行焊接性试验。

为了全面考虑影响焊接质量的因素，焊接工艺评定试验前应归纳出各项影响因素，如对材料、板厚、焊接位置、焊接方法、管子直径与壁厚、焊接材料、坡口形式等分类归纳，确定出相应的焊接接头类型，进行焊接工艺评定。然后对每一种类型的焊接接头编制相应的焊接工艺指导书。焊接工艺指导书(或焊接工艺规程)的内容如下所述：

(1)对焊接工艺评定任务书进行编号并标明日期。

(2)对焊接工艺评定报告进行编号。

(3)指明焊接方法和自动化等级(手工、机械化、自动)，注明是否自动焊接。

(4)母材的钢号、分类号、焊接材料(焊条、焊丝、焊剂、钨极等)的型号(或牌号)和规格。

(5)焊接接头形式、坡口形式及尺寸、预留间隙、焊道层次、施焊顺序及有无垫板等。

(6)母材的厚度适应范围及管子的直径。

(7)熔敷金属的化学成分。

(8)焊缝所处的位置及焊接方向。

(9)焊前预热温度、层间温度的控制及焊后是否需进行热处理及热处理规范等。

(10)多层焊缝每层是否用相同的焊接方法和焊接材料，焊接材料的型号(或牌号)和规格，焊接电流种类、极性和焊接电流范围、电弧电压范围、焊接速度范围、自动焊或半自动焊的导电嘴至工件的距离、喷嘴尺寸及喷嘴与工件的角度、保护气体种类、气体衬垫和尾部保护气体的成分和流量、施焊和操作技术(如焊条有无摆动，摆动方式、清根方法和有无锤击等)。

(11)焊接设备及相关仪表、仪器等。

(12)对所评定产品焊接接头性能的要求，包括强度、塑性、冲击韧性及其他性能(耐腐蚀性、耐磨性、硬度等)。

(13)操作人员、编制人员和审批人员的签名与日期等。

有关焊接工艺评定任务书和焊接工艺指导书(或焊接工艺规程)的格式，有关标准(如 JB 4708—1992)中推荐了相应的表格，省、市、地方劳动行政主管部门也推荐了相应的表格。有时为了特殊需要，根据焊接工艺评定所涉及的内容可自行设计相应表格，编制焊接工艺规程。

六、焊接工艺评定报告的内容

一份完整的焊接工艺评定报告应记录评定试验时所使用的全部重要参数。焊接工艺评定报告和焊接工艺规程的格式,可由有关部门或制造厂自行确定,但必须标明影响焊接件质量的重要因素、补加因素(指接头性能有冲击韧性要求时)和次要因素。焊接工艺评定报告的内容包括下列各部分:

(1)焊接工艺评定报告编号及相对应的设计书编号。

(2)评定项目名称。

(3)评定试验采用的焊接方法、焊接位置。

(4)所依据的产品技术标准编号。

(5)试板的坡口形式、实际的坡口尺寸。

(6)试板焊接接头焊接顺序和焊缝的层次。

(7)试板母材金属的牌号、规格、类别号,如采用非法规和非标准材料,应列出实际的化学成分化验结果和力学性能的实测数据。

(8)焊接试板所用的焊接材料,列出型号(或牌号)、规格以及该批焊材入厂复验结果,包括化学成分和力学性能。

(9)工艺评定试板焊前实际的预热温度、层间温度和后热温度等。

(10)试板焊后热处理的实际加热温度和保温时间,对于合金钢应记录实际的升温和冷却速度。

(11)焊接参数,记录试板焊接过程中实际使用的焊接电流、电弧电压、焊接速度;对于熔化极气体保护焊、埋弧焊和电渣焊应记录实测的送丝速度。电流种类和极性应清楚标明,如采用脉冲电流,应记录脉冲电流的各项参数。

(12)操作技术参数,凡是在试板焊接中加以监控或检测的参数都应记录,其他参数可不做记录。

(13)力学性能检测结果,应注明检验报告的编号、试样编号、试样形式,实测的接头强度性能、塑性、抗弯性能和冲击韧性数据。

(14)其他性能的检验结果,角焊缝宏观检查结果,或耐腐蚀性检验结果、硬度测定结果等。

(15)工艺评定结论。

(16)编制、校对、审核人员签名。

(17)企业管理者代表批准,以示对评定报告的正确性和合法性负责。

对于评定中不合格的项目,应找出原因并纠正后重新进行评定。最后应将所有的软件,如焊接工艺评定任务书、焊接工艺评定报告、施焊记录、各项检测试验报告等存档保存,以备调用。

焊接工艺评定的试件、试样等必须保留,以备在取得制造许可证、监管和换证工作中调用,以免被认为制造单位弄虚作假。

第二节　焊缝外观质量检验

一、外观质量检验方法

焊缝外观质量检验包括直接外观检验和间接外观检验。直接外观检验是用眼睛直接观察测量焊缝的形状尺寸，在检验过程中可以采用适当的照明，利用反光镜调节照射角度和观察角度，或借助于低倍放大镜进行观察。间接外观检验必须借助于工业内窥镜等工具进行观察试验，用于眼睛不能接近的焊缝外观检验，如直径较小的管子及焊制的小直径容器的内表面焊缝等。

焊缝外观检验是用肉眼或借助样板，或用低倍放大镜（不大于5倍）观察焊缝外形尺寸的检验方法。在测量焊缝外形尺寸时，可采用标准样板和量规，如图2-2和图2-3所示。

图2-2　焊缝外观检验用量规

二、外观质量检验项目及要求

水工金属结构的所有焊缝均须进行外观检查，闸门及启闭机焊缝外观质量应符合表2-4的规定。压力钢管焊缝外观质量应符合表2-5的规定。

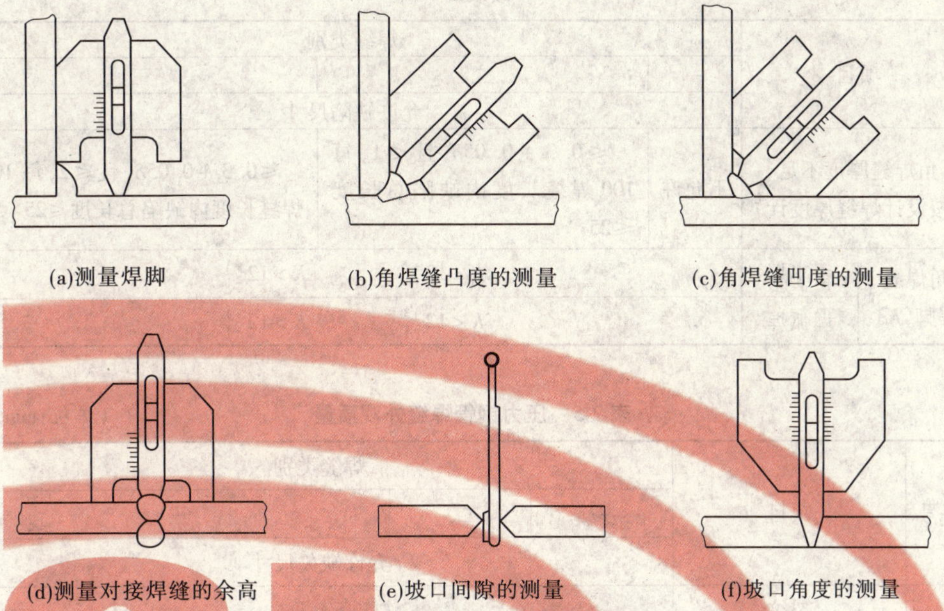

图 2-3　外观检验万能量规的用法

表 2-4　闸门及启闭机焊缝外观质量　　　（单位:mm）

项目		焊缝类别		
		一	二	三
		允许缺陷尺寸		
裂纹		不允许		
表面夹渣		不允许		深度≤0.1δ,长度≤0.3δ,且<15
咬边		深度≤0.5;连续咬边长度≤焊缝总长的10%,且≤100;两侧咬边累计长度≤该焊缝总长的15%;角焊缝≤20%		≤1
表面气孔		不允许	直径≤1.0 的气孔在每米范围内允许3个,间距≥20	直径≤1.5 的气孔在每米范围内允许5个,间距≥20
焊缝余高（Δh）	手工焊	δ≤12　Δh=0~1.5 12<δ≤25　Δh=0~2.5 25<δ≤50　Δh=0~3 δ>50　Δh=0~4		0~2 0~3 0~4 0~5
	埋弧焊	0~4		0~5
对接接头焊缝宽度	手工焊	盖过每边坡口宽度2~4,且平缓过渡		
	埋弧焊	盖过每边坡口宽度2~7,且平缓过渡		

续表 2-4

项目		焊缝类别		
		一	二	三
		允许缺陷尺寸		
角焊缝厚度不足（按设计焊缝厚度计）		不允许	≤0. 3 + 0. 05δ，且≤1，每100焊缝长度内缺陷总长度≤25	≤0. 3 + 0. 05δ，且≤2，每100焊缝长度内缺陷总长度≤25
角焊缝焊脚(K)	手工焊		$K<12^{+2}_{-1}$	$K>12^{+3}_{-1}$
	埋弧焊		$K<12^{+3}_{-1}$	$K>12^{+4}_{-1}$

表 2-5　压力钢管焊缝外观质量　　（单位：mm）

序号	项目		焊缝类别		
			一	二	三
			允许缺欠尺寸		
1	裂纹		不允许		
2	表面夹渣		不允许		深度≤0. 1δ，长度≤0. 3δ，且≤10
3	咬边		深度≤0. 5		深度≤1
4	未焊满		不允许		深度≤0. 2 + 0. 02δ，且≤1，每100焊缝内缺欠总长度≤25
5	表面气孔		不允许		直径≤1. 5的气孔每米范围内允许5个，间距≥20
6	焊瘤		不允许		—
7	飞溅		不允许		—
8	焊缝余高(Δh)	手工焊	$\delta\leq25$　$\Delta h=0\sim2.5$ $25<\delta\leq50$　$\Delta h=0\sim3$ $\delta>50$　$\Delta h=0\sim4$		—
		自动焊	0 ~ 4		—
9	对接接头焊缝宽度	手工焊	盖过每边坡口宽度1 ~ 2. 5，且平缓过渡		
		自动焊	盖过每边坡口宽度2 ~ 7，且平缓过渡		
10	角焊缝焊脚(K)		$K\leq12$时，K^{+2}；$K>12$时，K^{+3}		

注：(1)δ为板厚。

(2)手工焊是指焊条电弧焊、半自动CO_2焊、半自动药芯焊和手工TIG焊等。自动焊是指埋弧焊、MAG自动焊和MIG自动焊等。

第四节　焊缝内部缺陷检验

一、检验人员

一类焊缝和二类焊缝的内部缺陷(缺欠)都应进行无损探伤检验。无损检测人员必须持有我国水利、电力行业或无损检测协会无损检测人员资格鉴定工作委员会签发的并与其工作相适应的资格证书。

评定焊缝质量应由Ⅱ级或Ⅱ级以上的无损检测人员担任。

二、检验方法及要求

常用的无损探伤方法有射线检验(RT)、超声波探伤(UT)、磁粉探伤(MT)、渗透探伤(PT)、衍射时差法超声检测(TOFD)等。射线探伤、超声波探伤、衍射时差法超声检测主要检验焊缝内部的焊接缺陷,磁粉探伤和渗透探伤主要检验焊缝的表面缺陷。各种无损检验方法的特点及其适用范围见表2-6。

表2-6　各种无损检验方法的特点及其适用范围

检验方法		检验缺陷	可检验焊件厚度	灵敏度	检验条件	适用材料
射线检验	X射线	内部裂纹、未焊透、气孔及夹渣等	0.1~60 mm	能检验尺寸大于焊缝厚度1%~2%的缺陷	焊接接头表面不需加工,正反两个面都必须是可接近的	适用于一般金属和非金属焊件,不适用于锻件及轧制或拉制的型材
	γ射线		1.0~150 mm	较X射线低,一般约为焊缝厚度的3%		
	高能射线		25~600 mm	较X射线、γ射线高,一般可达到小于焊缝厚度的1%		
超声波探伤		内部裂纹、未焊透、气孔及夹渣等	焊接厚度上几乎不受限制,下限一般为8~10 mm,最小可达2 mm	能检验出直径大于1 mm以上的气孔、夹渣。检验裂纹时灵敏度较高,检验表面及近表面缺陷时灵敏度较低	表面一般需加工至表面粗糙度 R_a 值为6.3~1.6 mm,以保证同探头有良好的声耦合,但平整而仅有薄氧化层者也可探伤;若采用浸液或水层耦合法则可检验表面粗糙的工件,可检验钢材厚度为1~1.5 mm	适用于管材、棒材和锻件焊缝的探伤检验

续表 2-6

检验方法	检验缺陷	可检验焊件厚度	灵敏度	检验条件	适用材料
磁粉探伤	表面及表面缺陷(如微细裂纹、未焊透及气孔等),被检验表面最好与磁场正交	表面及近表面	与磁场强度大小和磁粉质量有关	工件表面粗糙度细则探伤灵敏度高,如有紧贴的氧化皮或薄层油漆,仍可探伤检验,对工件形状无严格限制	限于铁磁性材料
渗透探伤	贯穿表面的缺陷(如微细裂纹、气孔等)	表面	缺陷宽度小于 0.01 mm、深度小于 0.03 mm 者检验不出	工件表面粗糙度细则探伤灵敏度高,对工件形状无严格限制,但要求完全去除油污及其他附着物	适用于各种金属和非金属焊件
衍射时差法超声检测	内部裂纹、气孔、夹渣、未焊透等	12~400 mm	在对比试块或被检工件上设置检测灵敏度	探头移动区应清除焊接飞溅、铁屑、油垢及其他杂质。检测表面应平整,便于探头的移动,其表面粗糙度 R_a 值应不大于6.3 μm。去除余高的焊缝,应将余高打磨到与邻近母材平齐;保留余高的焊缝,如果焊缝表面有咬边、较大的隆起和凹陷等,也应进行适当的修磨,并作圆滑过渡。其他影响信号采集的因素均应消除	非合金钢、低合金钢和合金钢对接焊接接头

(一)射线检验

射线检验是利用射线可穿透物质和在物质中具有衰减的特性来发现缺陷的检验方法。根据所用射线种类,可分为 X 射线、γ 射线和高能射线检验。根据显示缺陷的方法,又分为电离法、荧光屏观察法、照相法和工业电视法。但目前应用较多、灵敏度高、能识别小缺陷的理想方法是照相法。

1. 照相法原理简述

采用射线探伤仪发出 X 射线或 γ 射线，射线在穿透物体过程中会与物质发生相互作用，因吸收和散射而强度减弱。强度衰减程度取决于物质的衰减系数和射线在物质中穿越的厚度。如果被透照物体（试件）的局部存在缺陷，且构成缺陷的物质的衰减系数又不同于试件，该局部区域的透过射线强度就会与周围产生差异。把胶片放在适当位置，使其在透过射线的作用下感光，经暗室处理后得到底片。底片上各点的黑化程度取决于射线照射量（又称曝光量，等于射线强度乘以照射时间），由于缺陷部位和完好部位的透过射线强度不同，底片上相应部位就会出现黑度差异。底片上相邻区域的黑度差定义为"对比度"。把底片放在观片灯光屏上借助透过光线观察，可以看到由对比度构成的不同形状的影像，判断缺陷情况并评价试件质量。

2. 射线照相胶片

1）射线胶片的构造与特点

射线胶片不同于一般的感光胶片，一般感光胶片只在胶片片基的一面涂布感光乳剂层，在片基的另一面涂布反光膜。射线胶片在胶片片基的两面均涂布感光乳剂层，目的是增加卤化银含量，以吸收较多的穿透能力很强的 X 射线和 γ 射线，从而提高胶片的感光速度，同时增加底片的黑度。射线胶片的结构如图 2-4 所示，在 0.25～0.3 mm 的厚度中含有七层材料。

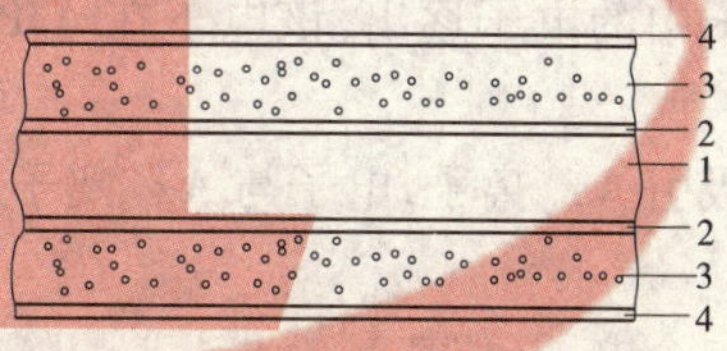

1—片基；2—结合层；3—感光乳剂层；4—保护膜

图 2-4　射线胶片的结构

（1）片基。

片基是感光乳剂层的支持体，在胶片中起骨架作用，厚度 0.175～0.20 mm，大多采用醋酸纤维或聚酯材料（涤纶）制作。聚酯片基较薄，韧性好，强度高，更适用于自动冲洗。为改善照明下的观察效果，通常射线胶片片基采用淡蓝色。

（2）结合层（又称薪合层或底膜）。

结合层的作用是使感光乳剂层和片基牢固地黏结在一起，防止感光乳剂层在冲洗时从片基上脱下来，结合层由明胶、水、表面活性剂（润湿剂）、树脂（防静电剂）组成。

（3）感光乳剂层（又称感光药膜）。

每层厚度 10～20 μm，通常由溴化银微粒在明胶中的混合体构成。乳剂中加入少量碘化银，可改善感光性能，碘化银含量按物质的量计，一般不大于 5%。卤化银颗粒大小一般为 1～5 μm。此外，乳剂中还加入防灰雾剂（巯基四氮唑、苯并三氮唑等）及某些稳定剂和坚膜剂。

明胶是用动物的皮、骨等组织中的纤维蛋白——骨胶原经处理后制成的。明胶可以使卤化银颗粒在乳剂中分布均匀,并对银盐也起一些增感作用。明胶对水有极大的亲和力,因此胶片在暗室处理时,药液能均匀地渗透到乳化剂内部与卤化银粒子起作用。

在胶片生产过程中,感光乳剂经化学熟化过程后还要进行物理熟化(二次成熟),以改变卤化银颗粒团的表面状况,并增加接受光量子的能力。感光乳剂中卤化银的含量及卤化银颗粒团的大小、形状,决定了胶片的感光速度。射线胶片中的银含量大致为 10～20 g/m^2。

(4)保护层(又称保护膜)。

保护层是一层厚度为 1～2 μm、涂在感光乳剂层上的透明胶质,用来防止感光剂层受到污损和摩擦,其主要成分是明胶、坚膜剂(甲醛及盐酸萘的衍生物)、防腐剂(苯酚)和防静电剂。为防止胶片粘连,有时在感光乳剂层上还涂布毛面剂。

2)感光原理及潜影的形成

胶片受到可见光或 X 射线、γ 射线的照射时,在感光乳剂层中会产生眼睛看不到的影像即所谓潜影。

根据葛尔尼(Gurney)和莫特(Mott)创立的潜影理论,在感光乳剂中,AgBr 晶体的缺陷和位错部位构成陷阱,捕捉因吸收了光子能量提高到晶体导带的可动电子和可动银离子,形成潜影中心。潜影的形成有四个阶段:

(1)光子($h\nu$)将 Br^- 离子中的电子逐出,该电子在 AgBr 晶体上移动,陷入捕集中心(俘获)。

(2)带负电的捕集中心吸引 Ag^+ 离子,电子与 Ag^+ 离子结合生成银原子,形成不稳定的感光中心(离子移动)。

(3)该感光中心捕捉第二个电子(俘获)。

(4)第二个 Ag^+ 离子到达,产生一个稳定的双原子银,形成相对稳定的潜影中心(离子移动)。

由此可见,潜影的产生是银离子接受电子还原为银的过程。

用化学方程式表示,即:

照射前:　$AgBr = Ag^+ + Br^-$

照射后:　$Br^- + h\nu \rightarrow Br^- + e$;　$Ag^+ + e \rightarrow Ag$

潜影形成过程如图 2-5 所示。图中虚线表示在生成稳定的双原子银之前每一个步骤都是可逆的。

潜影形成后,如相隔很长时间才显影,得到的影像比及时冲洗得到的影像淡,此现象称为潜影衰退。潜影衰退实际上是构成潜影中心的银又被空气氧化而变成 Ag^+ 离子的逆变过程。胶片所处的环境温度越高,湿度越大,则氧化作用越加剧,潜影的衰退越厉害。

3)底片黑度

射线穿透被检查试件后照射在胶片上,使胶片产生潜影,经过显影、定影化学处理后,胶片上的潜影成为永久性的可见图像,称为射线底片(简称为底片)。底片上的影

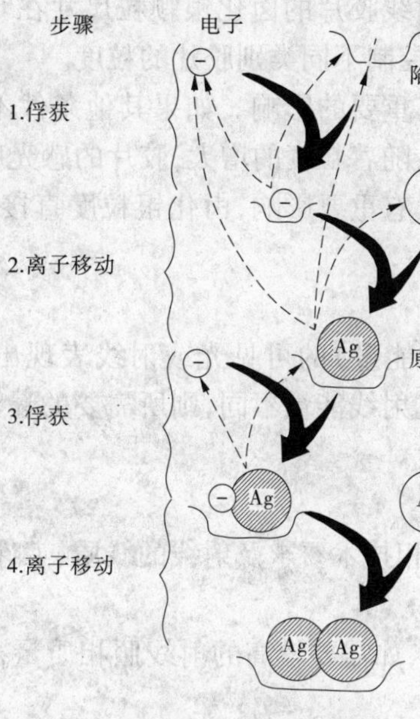

图 2-5　潜影形成过程

像是由许多微小的黑色金属银微粒组成的，影像各部位黑化程度大小与该部位被还原的银量多少有关，被还原的银量多的部位比银量少的部位难透光，底片黑化程度通常用黑度（或称光学密度）D 表示。

黑度 D 定义为照射光强与穿过底片的透射光强之比的常用对数值，即：

$$D = \lg \frac{L_0}{L}$$

式中　L_0——照射光强；

L——透射光强；

L_0/L——阻光率。

黑度与照射光强和透射光强的关系示意图如图 2-6 所示。

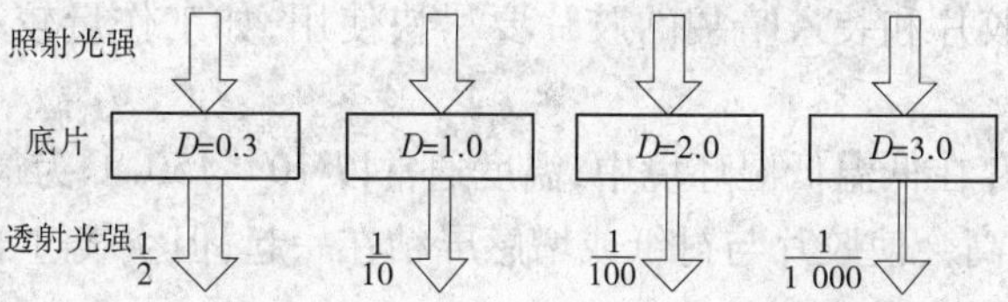

图 2-6　黑度与照射光强和透射光强的关系示意图

4）射线胶片的特性

射线胶片的感光特性主要有感光度（S）、灰雾度（D_0）、梯度（G）、宽容度（L）、最大密度（D_{max}），这些特性可在胶片特性曲线上定量表示。

5）卤化银粒度对胶片性能的影响

卤化银粒度，即感光乳剂中卤化银晶体的平均尺寸，是在感光乳剂制备过程中的物理成熟工艺阶段确定的。工业射线胶片的卤化银颗粒尺寸在0.5~10 μm。根据使用性能的要求,通过生产工艺条件控制不同类别胶片的粒度。

粒度对胶片的感光特性具有重要的影响。如果其他条件不变,单纯考虑粒度变化的影响,则感光特性有以下变化:随着粒度的增大,胶片的感光度也将提高。

粒度对胶片的使用性能也具有重要影响,卤化银粒度直接影响显影后的底片颗粒度,从而影响分辨率和信噪比。

6)胶片的光谱感光度

感光材料对不同波长(不同能量)的可见光或射线表现出不同的敏感性,也就是说,要达到同一黑度,如果使用的射线能量不同,则所需要的曝光量也不同,此特性称为胶片的光谱灵敏度或光谱感光度。

7)胶片的使用与保存

胶片的选用,应考虑射线照相技术要求及射线的线质、工件厚度、材料种类等条件,一般来说:

(1)可按像质要求高低选用,如需要较高的射线照相质量,则需使用梯噪比较大的胶片。

(2)在能满足像质要求的前提下,如需缩短曝光时间,可使用梯噪比较小的胶片。

(3)工件厚度较小、工件材料等效系数较低或射源线质较硬时,可选用梯噪比较大的胶片。

(4)在工作环境温度较高时,宜选用抗潮性能较好的胶片;在工作环境比较干燥时,选用抗静电感光性能较好的胶片。

射线胶片使用和保存注意事项如下:

(1)胶片不可接近氨、硫化氢、煤气、乙炔和酸等有害气体,否则会产生灰雾。

(2)裁片时不可把胶片上的衬纸取掉裁切,以防止裁切过程中将胶片划伤。不要多层片同时裁切,防止轧刀,擦伤胶片。

(3)装片和取片时,胶片与增感屏应避免摩擦,否则会擦伤,显影后底片上会产生黑线。操作时还应避免胶片受压、受曲、受折,否则会在底片上出现新月形影像的折痕。

(4)开封后的胶片和装入暗袋的胶片要尽快使用,如工作量较小,一时不能用完,则要采取干燥措施。

(5)胶片宜保存在低温低湿环境中,温度通常以10~150 ℃为最好;湿度应保持在55%~65%。湿度高会使胶片与衬纸或增感屏粘在一起,但空气过于干燥,容易使胶片产生电感光。

(6)胶片应远离热源和射线的影响,在暗室红灯下操作不宜距离过近,暴露时间不宜过长。

(7)胶片应竖放,避免受压。

3. 辅助设备器材

1)黑度计

黑度计又名光学密度计,或简称密度计。射线照相底片的黑度均用透射式黑度计测量。早期的黑度计是模拟电路指针显示的光电直读式黑度计，现在已很少使用，此处不作介绍。

目前广泛使用的是数字显示黑度计，其结构原理与指针式不同，该类仪器将接收到的模拟光信号转换成数字电信号，进行数据处理后直接在数码显示器显示出底片黑度数值。数字显示黑度计有便携式和台式两种，前者比后者体积更小，质量更轻。黑度计使用前应进行校零：光阑上不放底片，按下测量臂，入射光直接照到光传感器上，按“校零”按钮，显示0.00，此时微处理器记下入射光通量φ_0，即完成校零。在完成校零后，即可正式测量黑度：将底片放于光阑上，按下测量臂，入射光透过底片照到传感器，测量出透射光通量φ，最后由微处理器计算出黑度D，并驱动数码管显示出D值。

由黑度公式可知，底片的黑度测量范围内光通量变化很大。为保证精度，需要采用线性好的传感器，偏置电流非常小的高输入阻抗运放及可编程放大器，以及高分辨率的A/D转换器。此外，在电路设计时还需考虑解决减少背景光影响，消除50 Hz交流电源干扰，抑制直流放大器的零点漂移等问题。目前数字显示黑度计产品的测量精度可达到在全量程范围内的误差均小于0.02。

2）增感屏分类及注意事项

（1）分类。

目前常用的增感屏有金属增感屏、荧光增感屏和金属荧光增感屏三种。其中以使用金属增感屏所得底片像质最佳，金属荧光增感屏次之，荧光增感屏最差，但增感系数以荧光增感屏最高，金属增感屏最低。

（2）增感屏的使用注意事项。

增感屏在使用过程中，其表面应保持光滑、清洁，无污秽、损伤、变形。装片后要求增感屏与胶片能紧密贴合，胶片与增感屏之间不能夹杂异物。

铅箔增感屏卷曲、受折后，会引起胶片与增感屏接触不良，使底片影像模糊。铅箔的表面比较柔软，如有划伤或者开裂，由于发射二次电子的表面积增大，会使底片上出现类似裂纹的细黑线——其形状与增感屏上划痕或开裂形状相同。铅箔表面如有油污，会吸收二次电子，形成减感现象，使底片上产生白影。对于铅箔表面附着的污物，可用干净纱布蘸乙醚、四氯化碳擦去。对于铅箔增感屏上比较轻微的折痕、划痕和黏合不良引起的鼓泡，可将铅箔增感屏放置在光滑的桌面上，用纱布将其抹平。铅箔极易受显影液和定影液的腐蚀，铅箔增感屏沾上了显影液和定影液后如未能及时揩抹干净，则会在增感屏表面产生严重的腐蚀斑痕，这种增感屏只能废弃不用。

铅箔增感屏保管时要注意防潮，防止有害气体的侵蚀。铅箔增感屏保存时间过长，会产生铅箔与基材之间脱胶和合金成分锡、锑在表面呈线状析出的现象。此时，在增感屏表面出现黑线条，在底片上则产生白线条。检查铅箔增感屏黏合好坏和是否脱胶，可将增感屏轻轻地反复弯曲后，看看增感屏边缘铅箔是否翘起和增感屏上的铅箔是否鼓起。

3）像质计分类及摆放

（1）分类。

工业射线照相用的像质计有金属丝型、孔型和槽型三种，其中金属丝型应用最广。除上述像质计外，还有一种双丝型像质计，这种像质计不是用来测量射线照相灵敏度的，而是用来测量射线照相不清晰度的。以下着重介绍金属丝型像质计的构造与特点。

按金属丝的直径变化规律，金属丝型像质计分为等差数列、等比数列、等径、单丝等几种形式。

我国最早曾使用过等差数列像质计，目前世界上以等比数列像质计应用最为普遍。等比数列像质计的线径公比有两种：一种为$\sqrt[10]{10}$(R10 系列)，一种为$\sqrt[20]{10}$(R20 系列)。通常使用公比为 R10 系列像质计，其相邻金属丝的直径之比为$\sqrt[10]{10} \approx 1.25$或者为$1/\sqrt[10]{10} \approx 0.8$。

金属丝型像质计结构如图 2-7 所示。以七根编号相连接的金属线为一组，每个像质计中所有金属线应由相同材料构成，并固定在弱吸收材料(以不影响成像质量为原则)制成的包壳中。像质计金属线应相互平行排列，其长度 l 有三种规格，分别为 10 mm、25 mm 和 50 mm。

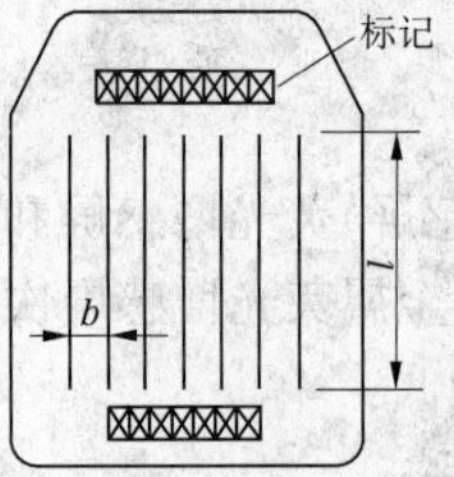

图2-7　金属丝型像质计结构

像质计标志由最大直径的线号、线的材料和标准代号组成。标志中的最大直径的线号应放置在最大直径线的一侧；最大直径的线号同时表示像质计号。按线径不同，像质计分为 4 种型号，见表 2-7。

表 2-7　像质计型号和对应线号

像质记型号	1 号	6 号	10 号	13 号
线号	(1)～(7)	(6)～(12)	(10)～(16)	(13)～(19)

像质计按材料不同可分为钢质像质计、铝质像质计、钛质像质计、铜质像质计等，分别用代号 FE、AL、TI、CU 代表。照相时像质计材质应与试件相同，当缺少同材质像质计时，也可用原子序数低的材料制作的像质计代替。

(2)像质计的摆放。

不管使用何种类型的像质计，像质计的摆放位置都会直接影响像质计灵敏度的指示值。因此，在摆放像质计时，摆放位置一般是在射线透照区内显示灵敏度较低部位，如离胶片远的工件表面、透照厚度较大部位。若不利部位能达到规定的灵敏度，一般认为有利部位就更能达到。

透照焊缝时，金属丝型像质计应放在被检焊缝射源一侧，被检区的一端，使金属线横贯焊缝并与焊缝方向垂直，像质计上直径小的金属线应在被检区外侧。采用射源置于圆心位置的周向曝光技术时，像质计可每隔120°放一个。

在一些特殊情况下，像质计无法放在射源侧的表面，此时应做对比试验。其方法是：做一个与被检工件材质、直径、壁厚相同的短试样，在被检部位内外表面各放一个像质计，胶片侧像质计上应加放“F”标记，然后采用与工件相同的透照条件透照。在所得底片上，以射源侧像质计所达到的规定像质指数或相对灵敏度来确定胶片一侧像质计所应达到的相应像质指数或相对灵敏度。

对于平板孔型像质计，要求放在离被检焊缝边缘5 mm以上的母材表面，且像质计下应放置一定厚度的垫片，垫片厚度大致等于被检焊缝的总余高，其目的是使得受检区域的黑度不低于像质计黑度范围的15%，垫片的尺寸应超过像质计尺寸，使得至少有3条像质计轮廓线可在照片上看清楚。

4）其他照相辅助器材

（1）暗袋（暗盒）。

装胶片的暗袋可采用对射线吸收少而遮光性好的黑色塑料膜或合成革制作，要求材料薄、软、滑。用黑色塑料膜制作的暗袋比较容易老化，天冷时发硬，热压合的暗袋边容易破裂，用黑色合成革缝制成的暗袋则可避免上述弊端。如采用在尼龙绸上涂布塑料的合成革缝制暗袋，由于暗袋内壁较为光滑，装片时，胶片、增感屏较易插入暗袋。

暗袋的尺寸，尤其宽度要与增感屏、胶片尺寸相匹配，既能方便地出片、装片，又能使胶片、增感屏与暗袋很好地贴合。暗袋的外面画上中心标记线，可以在贴片时方便地对准透照中心。暗袋背面还应贴上一个“B”铅字标记，以此作为监测背散射线的附件。由于暗袋经常接触工件，极易弄脏，因此要经常清理暗袋表面，如发现破损，应及时更换。

国外还生产一种真空包装的胶片，可直接用于拍片。真空包装胶片的暗袋由铅箔、黑纸复合而成，只能一次性使用。由于真空包装，无论胶片是否弯曲，增感屏、暗袋受大压力作用，始终与胶片密切地贴合。

（2）标记带。

为使每张射线底片与工件被检部位始终可以对照，在透照过程中应将识别标记和定位标记与被检区域同时透照在底片上。定位标记包括中心标记、焊缝编号（纵环缝或封头拼接缝等）、部位编号（或片号）。其他还有拍片日期、板厚等标记。所有标记都可用透明胶带在中间挖空（长宽约等于被检焊缝的长宽）的长条形透明片基或透明塑料上，组成标记带。标记带上同时配置适当型号的透度计。标记带示例如图2-8所示。

可将标记带两端粘上两块磁钢，这样可方便地将标记带贴在工件上。也可利用带磁钢的透度计上的磁钢将标记带贴在工件上。对于一些要经常更换的标记（如片号、日期）的部位，如果粘贴一些塑料插口，使用起来更方便。在制作标记带时，应使透度计粘贴在标记带的反面，而不要将透度计贴在标记带正面，这样可使透度计较紧密地贴合在工件表面上，以免影响灵敏度显示。所有标记应摆放整齐，其在底片上的影像不得

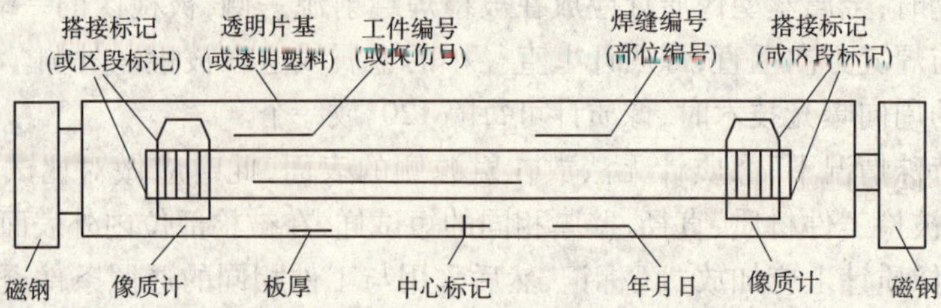

图 2-8　标记带示例

相互重叠,并离被检焊缝边缘 5 mm 以上。

(3)屏蔽铅板。

为屏蔽后方散射线,应制作一些与胶片暗袋尺寸相仿的屏蔽板。屏蔽板由 1 mm 厚的铅板制成。贴片时,将屏蔽铅板紧贴暗袋,以屏蔽后方散射线。

(4)中心指示器。

射线机窗口应装设中心指示器。中心指示器上装有约 6 mm 厚的铅光阑,可有效地遮挡非检测区的射线,以减少前方散射线;还装有可以拉伸、收缩的对焦杆,在对焦时,可将拉杆拨向前方,透照时则拨向侧面。利用中心指示器可方便地指示射线方向,使射线束中心对准透照中心。

(5)其他小器件。

射线照相辅助器材很多,除上述用品、设备、器材外,为方便工作,还应备齐一些小器件,如卷尺、钢印、榔头、照明灯、电筒、各种尺寸的铅遮板、补偿泥、贴片磁钢、透明胶带、各式铅字、盛放铅字的字盘、画线尺、石笔、记号笔等。

4. 射线照相质量的影响因素

射线照相灵敏度是射线照相对比度(缺陷影像与其周围背景的黑度差)、不清晰度(影像轮廓边缘黑度过渡区的宽度)和颗粒度(影像黑度的不均匀程度)三大要素的综合结果,而此三大要素又分别受到不同工艺因素的影响。

1)射线照相对比度

如果工件中存在厚度差,那么射线穿透工件后,不同厚度部位的透过射线的强度就不同,曝光后经暗室处理得到的底片上不同部位就会产生不同的黑度,射线照相底片上的影像就是由不同黑度的阴影构成的,阴影和背景的黑度差使得影像能够被观察和识别。把底片上某一小区域和相邻区域的黑度差称为底片对比度,又叫底片反差。显然,底片对比度越大,影像就越容易被观察和识别。因此,为检出较小的缺陷,获得较高灵敏度,就必须设法提高底片对比度。但在提高对比度的同时,也会产生一些不利后果,例如,试件能被检出的厚度范围(厚度宽容度)减小,底片上有效评定区缩小,曝光时间延长,检测速度下降,检测成本增大等。

2)射线照相不清晰度

如图 2-9 所示,用一束垂直于试件表面的射线透照一个金属台阶试块,理论上理想的射线底片上的影像由两部分黑度区域组成,一部分是试件 *AO* 部分形成的高黑度均匀区，另一部分是试件 OB 部分形成的低黑度均匀区，两部分交界处的黑度是突变的、不连续的，如图 2-9(a)所示，但实际上底片上的黑度变化并不是突变的。试件的“阶边”影像是模糊的，影像的黑度变化如图 2-9(b)所示，存在着一个黑度过渡区。图 2-9(c)为图 2-9(b)的放大图，可见，黑度过渡区不是单纯直线，存在一个趾部和肩部。把黑度在该区域的变化绘成曲线，称之为黑度分布曲线或不清晰度曲线。很明显，黑度变化区域的宽度越大，影像的轮廓就越模糊，所以该黑度变化区域的宽度就定义为射线照相不清晰度 U。

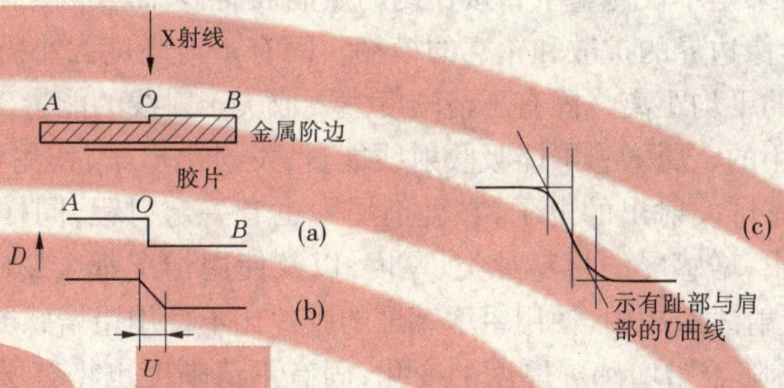

图 2-9　阶边影像的射线照相不清晰度

在实际工业射线照相中，底片影像不清晰的原因有多种，如果排除试件或射源移动、屏—胶片接触不良等偶然因素，不考虑使用盐类增感屏荧光散射引起的屏不清晰度，那么射线照相不清晰度的因素主要有两方面，即由于射源有一定尺寸而引起的几何不清晰度 U_g 以及由于电子在胶片乳剂中散射而引起的固有不清晰度 U_i。

底片上总不清晰度 U 是 U_g 和 U_i 的综合结果，其中几何不清晰度 U_g 构成黑度过渡区直线部分，而固有不清晰度 U_i 则使黑度过渡区产生趾部和肩部，如图 2-9(c)所示。目前描述 U、U_g 和 U_i 比较广泛采用的关系式为

$$U = (U_g^2 + U_i^2)^{1/2}$$

(1)几何不清晰度。

由于 X 射线管焦点或 γ 射线源都有一定尺寸，所以透照工件时，工件表面轮廓或工件中的缺陷在底片上的影像边缘会产生一定宽度的半影，此半影宽度就是几何不清晰度 U_g，相关推导公式参见相关教科书。几何不清晰度与焦点尺寸和工件厚度成正比，而与焦点至工件表面的距离成反比。在焦点尺寸和工件厚度给定的情况下，为获得较小的 U_g 值，透照时就需要取较小的焦距，但由于射线强度与距离平方成反比，如果要保证底片黑度不变，在增大焦距时就必须延长曝光时间或提高管电压，所以对此要综合权衡考虑。

使用 X 射线照相时，由于透照场中不同位置上的焦点尺寸不同，阴极一侧的焦点尺寸较大，因此相应位置上的几何不清晰度也较大。实际上，由于照射场内光学焦点从阴极到阳极一侧都是变化的，因此即使是纵焊缝(平板)照相，底片上各点的 U_g 值也是不同的。而环焊缝(曲面)照相，由于距离、厚度的变化，其底片上各点的 U_g 值的变化

更大、更复杂。

(2)固有不清晰度。

固有不清晰度是由照射到胶片上的射线在乳剂层中激发出的电子的散射所产生的。当光子穿过乳剂层时,会在乳剂中激发出电子。射线光子能量越高,激发出的电子动能就越大,在乳剂层中的射程也越长。这些电子向各个方向散射,作用于邻近的卤化银颗粒,动能较大的电子甚至可穿过多个卤化银颗粒。由于电子的作用会使这些卤化银颗粒产生潜影,因此一个射线光子不只影响一个卤化银颗粒,而可能在乳剂中产生一小块潜影银,其结果是不仅光量子直接作用的点能被显影,而且该点附近区域也能被显影,这就造成了影像边界的扩散和轮廓的模糊。固有不清晰度大小就是散射电子在胶片乳剂层中作用的平均距离。固有不清晰度主要取决于射线的能量。

射线照相使用的金属增感屏能吸收射线能量,发射出电子,作用于胶片的卤化银,增加感光。由增感屏发射出的电子,在乳剂层中也有一定射程,同样产生固有不清晰度。有关文献指出,增感屏的材料种类、厚度,以及使用情况都会影响固有不清晰度。例如,在中低能量射线照相中,使用铅增感屏的胶片比不使用铅增感屏的胶片的固有不清晰度有所增大;随着铅增感屏厚度的变化,固有不清晰度也将有所改变。在 γ 射线和高能 X 射线照相中,使用铜、钽、钨制作的增感屏可得到比铅增感屏更小的固有不清晰度;在使用增感屏时,如果增感屏与胶片贴合不紧,留有间隙,也将使固有不清晰度明显增大。

对增感屏和胶片不贴紧导致固有不清晰度增大的现象可作如下解释:由增感屏发射出的电子脱离增感屏表面后,如未立即进入胶片乳剂层,而是在空气中经一段距离后再进入乳剂层,则由于电子通过空气时的动能损失较小,其总的作用距离将大于那些完全在乳剂层中穿行的电子的作用距离,因此导致固有不清晰度增大。

射线照相固有不清晰度可采用铂—钨双丝像质计测定。

3)射线照相颗粒度

颗粒度是指均匀曝光的射线底片上影像黑度分布不均匀的视觉印象。颗粒度则是根据测微光密度计测出的数据、按一定方法求出的所谓底片黑度涨落的客观量值。观察受到高能量射线照射的快速胶片,不用放大镜,颗粒性就很明显;而对受低能量射线照射的慢速胶片来说,可能要经中度放大才使颗粒性明显。

颗粒性印象不是由单个显影的感光颗粒引起的。在工业射线胶片中,由单个感光颗粒显影产生的黑色金属银粒很少大于 0.01 mm,通常还要小些,这远低于人眼可见界限。实际上,颗粒的视觉印象是由许多银粒交互重叠组成的颗粒团产生的,而颗粒团的黑度则是由这些单个银粒的随机分布造成的。

颗粒的随机性是由多种因素造成的:胶片乳剂层中感光银盐颗粒大小,分布均匀度具有随机性;射线源发出的光子到达胶片的空间分布是随机的;胶片乳剂吸收光子,使乳剂中一个或多个溴化银晶体感光也是随机的。

颗粒性产生原因可归纳为两个方面:一是胶片噪声,取决于银盐粒度和感光速度;二是光子噪声,即光子随机分布的统计涨落,取决于射线能量、曝光量和底片黑度。一般来说,颗粒性随银盐粒度和感光速度的增大而增大,随射线能量的增大而增大,随曝光量和底片黑度的增大而减小。

乳剂层中感光银盐颗粒大小对颗粒性有直接影响,大颗粒银盐阻光性好,在底片上引起的黑度起伏显然更大一些。关于感光速度的影响可解释如下:对慢速胶片来说,要产生一定黑度,比如黑度 2.0,一个小区域中可能要吸收 10 000 个光子。而对于快速胶片,产生同样黑度所需的光子要少得多。考虑光子吸收过程中的叠加作用对随机性的影响,产生一定黑度所需要的光子数越多,射线照相影像的颗粒性就越不明显,所以胶片速度会影响底片影像颗粒性。一般情况是慢速胶片中的溴化银晶体比快速胶片中的晶体小,因此胶片粒度和感光速度对颗粒性的影响往往是加和性的。

同样也易于理解,射线照相的颗粒性随能量的提高而增大。因为在低能量下,吸收一个光子只使一个或几个溴化银颗粒感光,而在高能量下,一个光子能使许多个颗粒感光,这样就使随机分布的黑度起伏变大,显示出颗粒增大的倾向。而曝光量增大和底片黑度增大都使更多的光子到达胶片,大量光子的叠加作用将使黑度的随机性起伏降低,所以减小了颗粒性。

颗粒度限制了影像能够记录的细节的最小尺寸。一个尺寸很小的细节,在颗粒度较大的影像中,或者不能形成自己的影像,或者其影像被黑度的起伏所掩盖,无法识别出来。

5. 透照方式的选择及一次透照长度

1)透照方式的选择

对接焊缝射线照相常用的透照方式(布置)主要有 10 种,如图 2-10 和图 2-11 所示。这些透照方式分别适用于不同的场合,其中单壁透照是最常用的透照方法,双壁透照一般用在射源或胶片无法进入内部的小直径容器和管道的焊缝透照,双壁双影法一般只用于直径在 100 mm 以下的管子的环焊缝透照,双壁双影直透法则多用于 T(壁厚) >8 mm 或 g(焊缝宽度) $>D_0/4$ 的管子环焊缝透照。

- 对接焊缝透照
  - 直缝透照
    - 单壁透照①
    - 双壁透照②
  - 环缝透照
    - 单壁透照
      - 外透法③(源外片内)
      - 内透法(源内片外)
        - 中心法($F=R$)④
        - 偏心法
          - $F<R$⑤
          - $F>R$⑥
    - 双壁透照
      - 双壁单影
        - 斜透法⑦
        - 直透法⑧
      - 双壁双影
        - 斜透法⑨
        - 直透法⑩

图 2-10　常用的对接焊缝透照方式的分类

(1)透照灵敏度。

在透照灵敏度存在明显差异的情况下,应选择有利于提高灵敏度的透照方式。例

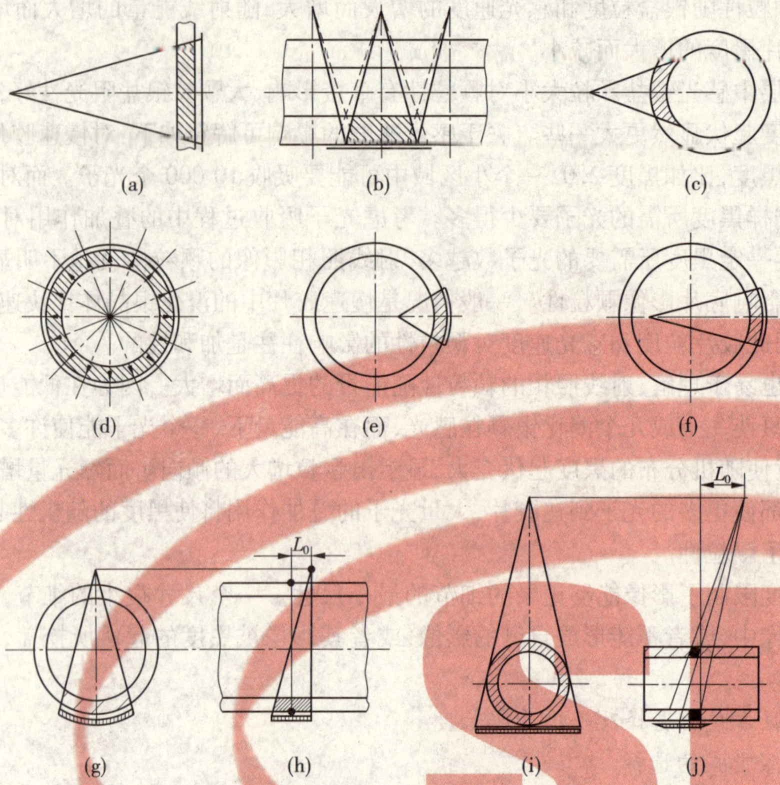

图 2-11　常用的对接焊缝透照方式

如,单壁透照的灵敏度明显高于双壁透照,在两种方式都能使用的情况下无疑应选择前者。

(2)缺陷检出特点。

有些透照方式特别适合于检出某些种类的缺陷,可根据检出缺陷的要求和实际情况选择。例如,源在外的透照方式与源在内的透照方式相比,前者对容器内壁表面裂纹有更高的检出率;双壁透照的直透法比斜透法更容易检出未焊透或根部未熔合缺陷。

(3)透照厚度差和横向裂纹检出角。

较小的透照厚度差和横向裂纹检出角有利于提高底片质量和裂纹检出率。环缝透照时,在焦距和一次透照长度相同的情况下,源在内透照法比源在外透照法具有更小的透照厚度差和横向裂纹检出角,从这一点看,前者比后者优越。

(4)一次透照长度。

各种透照方式的一次透照长度各不相同,选择一次透照长度较大的透照方式可以提高检测速度和工作效率。

(5)操作方便性。

一般说来,对容器透照,源在外的操作更方便一些。而球罐的 X 射线透照,上半球位置源在外透照较方便,下半球位置源在内透照较方便。

(6)试件及探伤设备的具体情况。

透照方式的选择还与试件及探伤设备情况有关。例如,当试件直径过小时,源在内透照可能不能满足几何不清晰度的要求,因而不得不采用源在外的透照方式。使用移动式X射线机只能采用源在外的透照方式。使用γ射线源或周向X射线机时,选择源在内中心透照法对环焊缝周向曝光,更能发挥设备的优点。

值得强调的是,对环焊缝的各种透照方式中,以源在内中心透照周向曝光法为最佳,该方法透照厚度均一,横裂检出角为0°,底片黑度、灵敏度俱佳,缺陷检出率高,且一次透照整条环缝,工作效率高,应尽可能选用。

2)一次透照长度

一次透照长度,即焊缝射线照相一次透照的有效检验长度,对照相质量和工作效率同时产生影响。显然,选择较大的一次透照长度可以提高效率,但在大多数情况下,透照厚度比和横向裂纹检出角随一次透照长度的增加而增大,这对射线照相质量是不利的。

实际工作中一次透照长度选取受两个方面因素的限制:一个是射线源的有效照射场的范围,一次透照长度不可能大于有效照射场的尺寸;另一个是射线照相标准的有关透照厚度比K值的规定,其间接限制了一次透照长度的大小。计算方法参见各标准相关规定。

6.焊缝透照的基本操作

1)试件检查及清理

试件上如有妨碍射线穿透或妨碍贴片的附加物,如设备附件、保温材料等,应尽可能去除。试件表面质量应经外观检查合格,当表面不规则状态可能在底片上产生掩盖焊缝中缺陷的图像时,应对表面进行打磨修整。

2)画线

按照工艺文件规定的检查部位、比例、一次透照长度,在工件上画线。采用单壁透照时,需要在试件两侧(射线侧和胶片侧)同时画线,并要求两侧所画的线段应尽可能对准。采用双壁单影透照时,只需在试件一侧(胶片侧)画线。

3)像质计和标记摆放

按照标准和工艺的有关规定摆放像质计和各种铅字标记。

线型像质计应放在射线侧的工件表面上,位于被检焊缝区的一端(被检长度的1/4处),钢丝横跨焊缝并与焊缝方向垂直,细丝置于外侧。单壁透照无法在射线侧放置像质计时,可将其放在胶片侧,但必须进行对比试验,使实际能显示的像质计丝号达到规定要求。像质计放在胶片侧时,应加放“F”标记,以示区别。

当采用源在内($F=R$)的周向曝光技术时,只需在圆周上等间隔地放置3个像质计即可。

各种铅字标记应齐全,至少应包括中心标记、搭接标记、工件编号、焊缝编号、部位编号。返修透照时,应加返修标记“R”。对余高磨平的焊缝透照,应加指示焊缝位置的圆点或箭头标记。

各种标记的摆放位置应距焊缝边缘至少 5 mm。其中搭接标记的位置：在采用双壁单影或源在内 $F>R$ 的透照方式时，应放在胶片侧，其余透照方式应放在射线侧。

4）贴片

采用可靠的方法（磁铁、绷带等）将胶片（暗盒）固定在被检位置上，胶片（暗盒）应与工件表面紧密贴合，尽量不留间隙。

5）对焦

将射线源安放在适当位置，使射线束中心对准被检区中心，并使焦距符合工艺规定。

6）散射线防护

按照工艺的有关规定执行散射线防护措施。

7）曝光

以上各步骤完成后，并确定现场人员放射防护安全符合要求，方可按照工艺规定的参数和仪器操作规则进行曝光。

曝光完成即为整个透照过程结束，曝光后的胶片应及时进行暗室处理。

7. 射线照相底片质量评定

1）灵敏度检查

灵敏度是射线照相质量诸多影响因素的综合结果。底片灵敏度用像质计测定，即根据底片上像质计的影像的可识别程度来定量评价灵敏度高低。目前国内广泛使用的是丝型像质计，评价底片灵敏度的指标是底片上能识别出的最细金属丝的编号。显然，透照给定厚度的工件时，底片上显示的金属丝直径越小，底片的灵敏度也就越高。灵敏度是射线照相底片质量的最重要指标之一，必须符合有关标准的要求。对底片的灵敏度检查内容包括：底片上是否有像质计影像，像质计型号、规格、摆放位置是否正确，能够观察到的金属丝像质计丝号是多少，是否达到了标准规定的要求等。

2）黑度检测

黑度是射线照相底片质量的又一重要指标，各个射线检测标准对底片的黑度范围都有规定。

3）标记检查

底片上标记的种类和数量应符合有关标准和工艺规定。常用的标记种类有工件编号、焊缝编号、部位编号、中心定位标记、搭接标记。此外，有时还需使用返修标记、像质计放在胶片侧的区别标记以及人员代号、透照日期等。

标记应放在适当位置，距焊缝边缘应不少于 5 mm。

4）伪缺陷检查

伪缺陷是指由于透照操作或暗室操作不当，或由于胶片、增感屏质量不好，在底片上留下非缺陷影像。常见的伪缺陷影像包括划痕、折痕、水迹、静电感光、指纹、霉点、药膜脱落、污染等。

伪缺陷容易与真缺陷影像混淆，影响评片的正确性，造成漏检和误判，所以底片上有效评定区域内不允许有伪缺陷影像。

5)背散射检查

背散射检查即"B"标记检查。照相时,在暗盒背面贴附一个"B"铅字标记,观片时若发现在较黑背景上出现"B"字较淡影像,说明背散射严重,应采取防护措施重新拍照;若不出现"B"字,或在较淡背景上出现较黑"B"字,则说明底片未受背散射影响,符合要求,黑"B"字是由于铅字标记本身引起的射线散射产生了附加增感,不能作为底片质量判废的依据。

6)搭接情况检查

双壁单影透照纵焊缝的底片,其搭接标记以外应有附加长度 $\Delta L=\Delta LL_2L_3/L_1$,才能保证无漏检区。其他透照方式摄得的底片,如果搭接标记按规定摆放,即可保证无漏检区,但如果因某些原因搭接标记未按规定摆放,则底片上搭接标记以外必须有附加长度 ΔL,才能保证完全搭接。

8.环境设备条件要求

1)环境

观片室应与其他工作岗位隔离,单独布置,室内光线应柔和偏暗,但不必全黑,一般等于或略低于透过底片光的亮度。室内照明应避免直射人眼或在底片上产生反光。观片灯两侧应有适当台面放置底片及记录。黑度计、直尺等常用仪器和工具应靠近放置,取用方便。

2)观片灯

观片灯应有足够的光强度,底片黑度 $D\leqslant2.5$ 时,要求透过底片的光强不低于 30 cd/m^2,底片黑度 $D>2.5$ 时,要求透过底片的光亮度不低于 10 cd/m^2。这样,为能观察黑度为 4.0 的底片,要求观片灯的最大亮度应大于 10 cd/m^2;为能观察黑度为 4.5 的底片,要求观片灯的最大亮度应大于 3×10^5 cd/m^2。

观片灯亮度必须可调,以便在观察低黑度区域时将光强减小,而在观察高黑度区域时将光强调大。

光源的颜色通常应是白色,也允许在橙色或黄绿色之间。偏红色或偏紫色则不适合。

观片灯应有足够大的照明区,一般不小于 300 mm×80 mm,若照明区过小,会使人感到观察不方便,实际使用时采用一系列遮光板改变照明区面积,使其略小于底片尺寸。

观察屏各部分照明应均匀,照射到底片上的光应是散射的,光的散射系数应大于 0.7,通常用一块漫反射玻璃来实现这一要求。

观片灯应散热良好,无噪声。

3)各种工具用品

评片需用的工具物品包括:

放大镜:用于观察影像细节,放大倍数一般为 2~5 倍,最大不超过 10 倍。

遮光板:观察底片局部区域或细节时,用于遮挡周围区域的透射光,避免多余光线进入评片人眼中。

直尺:最好是透明塑料尺。

记号笔:用于在底片上做标记。

手套:避免评片人手指与底片直接接触,产生污痕。

文件:提供数据或用于记录的各种规范、标准、图表。

9. 底片影像分析

底片上影像千变万化,形态各异,但按其来源大致可分为三类:由缺陷造成的缺陷影像;由试件外观形状造成的表面几何影像;由于材料、工艺条件或操作不当造成的伪缺陷影像。对于底片上的每一个影像,评片人员都应作出正确解释。影像分析和识别是评片工作的重要环节,也是评片人员的基本技能。

1)焊接缺陷影像

(1)裂纹。

底片上裂纹的典型影像是轮廓分明的黑线或黑丝。其细节特征包括:黑线或黑丝上有微小的锯齿,有分叉,粗细和黑度有时有变化,有些裂纹影像呈较粗的黑线与较细的黑丝相互缠绕状;线的端部尖细,端头前方有时有丝状阴影延伸。

各种裂纹的影像差异和变化较大,因为裂纹影像不仅与裂纹自身形态有关,而且与射线能量、工件厚度、透照角度、底片质量等许多因素有关。例如,透照时射线束方向与裂纹深度方向平行,得到的裂纹影像是一条黑线,随着透照角度逐渐增大,黑线将变宽,同时黑度变小,透照角度更大时,可能只出现一条模糊的宽带阴影,完全失去了裂纹影像特征。又如,薄板焊缝的裂纹影像比较清晰,各种细节特征可以显示出来,而当透照厚度增加后,细节特征可能有一部分丧失,甚至完全消失,影像将发生很大变化。所以,在进行影像分析时,要注意各种因素对裂纹影像变化的影响。

裂纹可能发生在焊接接头的任何部位,包括焊缝和热影响区。

(2)未熔合。

根部未熔合的典型影像是一条细直黑线,线的一侧轮廓整齐且黑度较大,为坡口或钝边痕迹,另一侧轮廓可能较规则,也可能不规则。根部未熔合在底片上的位置应是焊缝根部的投影位置,一般在焊缝中间,因坡口形状或投影角度等原因也可能偏向一边。

坡口未熔合的典型影像是连续或断续的黑线,宽度不一,黑度不均匀,一侧轮廓较齐,黑度较大,另一侧轮廓不规则,黑度较小,在底片上的位置一般在焊缝中心至边缘的1/2处,沿焊缝纵向延伸。

层间未熔合的典型影像是黑度不大的块状阴影,形状不规则,当伴有夹渣时,夹渣部位的黑度较大。国外也有把不含夹渣的层间未熔合称为白色未熔合,而把含夹渣的层间未熔合称为黑色未熔合的说法。

(3)未焊透。

未焊透的典型影像是细直黑线,两侧轮廓都很整齐,为坡口钝边痕迹,宽度恰好为钝边间隙宽度。

有时坡口钝边有部分熔化,影像轮廓就变得不很整齐,线宽度和黑度局部发生变化,但只要能判断是处于焊缝根部的线性缺陷,仍判定为未焊透。

未焊透在底片上处于焊缝根部的投影位置,一般在焊缝中部,因透照偏、焊偏等原因也可能偏向一侧。未焊透呈断续或连续分布,有时能贯穿整张底片。

(4)夹渣。

非金属夹渣在底片上的影像是黑点、黑条或黑块,形状不规则,黑度变化无规律,轮廓不圆滑,有的带棱角。

非金属夹渣可能发生在焊缝中的任何位置,条状夹渣的延伸方向多与焊缝平行。

钨夹渣在底片上的影像是一个白点,由于钨对射线的吸收系数很大,因此白点的黑度极小(极亮),据此可将其与飞溅影像相区别。钨夹渣只产生在非熔化极氩弧焊焊缝中,该焊接方法多用于不锈钢薄板焊接和管子对接环焊缝的打底焊接。钨夹渣尺寸一般不大,形状不规则。大多数情况是以单个形式出现的,少数情况是以弥散状态出现的。

(5)气孔。

气孔在底片上的影像是黑色圆点,也有呈黑线(线状气孔)或其他不规则形状的,气孔的轮廓比较圆滑,其黑度中心较大,至边缘稍减小。

气孔可以发生在焊缝中任何部位,手工单面焊根部线状气孔、双面焊根部链状气孔及焊缝中心线两侧的虫状气孔是发生部位与气孔形状有对应规律的例子。

“针孔”直径较小,但影像黑度很大,一般发生在焊缝中心。“夹珠”是另一类特殊的气孔缺陷,它是由前一道焊接生成的气孔,被后一道焊接熔穿,铁水流进气孔而形成的,在底片上的影像为黑色气孔中间包含着一个白色圆珠。

2)常见伪缺陷影像及识别方法

伪缺陷是指由于照相材料、工艺或操作不当在底片上留下的影像,常见的有以下几种:

(1)划痕。

胶片被尖锐物体(指甲、器具尖角、胶片尖角、砂粒等)划过,在底片上留下黑线,即为划痕。划痕细而光滑,十分清晰。识别方法是借助反射光观察,可以看到底片上药膜有划伤痕迹。

(2)压痕。

胶片局部受压会引起局部感光,从而在底片上留下压痕。压痕是黑度很大的黑点,其大小与受压面积有关,借助反射光观察,可以看到底片上药膜有压伤痕迹。

(3)折痕。

胶片受弯折,会发生减感或增感效应。曝光前受折,折痕为白色影像;曝光后受折,折痕为黑色影像;最常见的折痕形状呈月牙形;借助反射光观察,可以看到底片有折伤痕迹。

(4)水迹。

由于水质不好或底片干燥处理不当,会在底片上出现水迹,水滴流过的痕迹是一条黑线或黑带,水滴最终停留的痕迹是黑色的点或弧线。

水迹可以发生在底片的任何部位,黑度一般不大。水流痕迹直而光滑,可以找到起点和终点；水珠痕迹形状与水滴一致；借助反射光观察，有时可以看到底片上水迹处药膜有污物痕迹。

(5)静电感光。

切装胶片时，因摩擦产生的静电发生放电现象使胶片感光，在底片上留下黑色影像，即为静电感光。静电感光影像以树枝状最为常见，也有点状或冠状斑纹影像。静电感光影像比较特殊，易于识别。

(6)显影斑纹。

由于曝光过度，显影液温度过高、浓度过大导致快速显影，或因显影时搅动不及时，均会造成显影不均匀，从而产生显影斑纹。

显影斑纹呈黑色条状或宽带状，在整张底片范围出现，影像对比度不大，轮廓模糊，一般不会与缺陷影像混淆。

(7)显影液沾染。

显影操作开始前，胶片上沾染了显影液。沾上显影液的部位提前显影，黑度比其他部位大，影像可能是点、条或成片区域的黑影。

(8)定影液沾染。

显影操作开始前，胶片沾染了定影液，沾上定影液的部位发生定影作用，使得该部位黑度小于其他部位，影像可能是点、条或成片区域的白影。

(9)增感屏伪缺陷。

由于增感屏的损坏或污染使局部增感性能改变而在底片上留下的影像。如增感屏上的裂纹或划伤会在底片上造成黑色伪缺陷影像，而增感屏上的污物在底片上造成白色影像。

增感屏引起的伪缺陷，在底片上的形状和部位与增感屏上完全一致。当增感屏重复使用时，伪缺陷会重复出现。避免此类伪缺陷的方法是经常检查增感屏，及时淘汰损坏了的增感屏。

3)表面几何影像的识别

表面几何影像是指由于试件的结构和外观形状投影形成的影像，大致可分为以下几类：

(1)试件结构影像。

如母材厚度的变化、焊缝垫板、试件内部结构件投影等因素造成的影像。

(2)焊接成形影像。

如焊缝余高、根部形状、焊缝表面波纹、焊道间沟槽等生成的影像。

(3)焊接形状缺陷影像。

如咬边、烧穿、内凹、收缩沟、弧坑、焊瘤、未填满、搭接不良等因焊接造成的表面缺陷的影像。

(4)表面损伤影像。

由非焊接因素造成的表面缺陷的影像，如机械划痕、压痕、表面撕裂、电弧烧伤、打磨沟槽等。

为能正确地识别表面几何影像，首先要求评片人员仔细了解试件结构和焊接接头形式。其次，评片人员应熟悉不同焊接方法和焊接位置的焊缝特点。此外，评片人员应注意焊缝外观检查的结果，掌握试件的表面质量状况，对可能影响缺陷识别的表面几何形状进行打磨，评片时应注意对表面缺陷的核查。

底片上焊接形状缺陷的影像和表面损伤的影像主要根据其位置、形状、表面结晶形态以及影像轮廓清晰度等特征来加以识别。

4）底片影像分析要点

底片上包含着丰富的信息。评片人员从底片上不仅能获得缺陷情况，还能了解到一些试件结构、几何尺寸、表面状态以及焊接和照相投影等方面的情况。注意提取上述信息，并进行综合分析，有助于作出正确的评定。

评片人员需掌握观察底片时应提取的信息要点以及影像分析的一般方法。只有在理论学习的基础上经过大量的实践训练，才能较好地掌握影像分析的技能。

（1）观察底片时的影像分析要点。

结合已掌握的情况，通过观察底片，一般应进行以下分析并作出判断：

①焊接方法：区分手工焊、自动焊、氩弧焊等。

②焊接位置：区分平焊、立焊、横焊或仰焊（对管子环焊缝则有水平固定、垂直固定或滚动焊等）。

③焊缝形式：区分双面焊、单面焊、加垫板单面焊。

④评定区范围：认清焊缝余高边缘、热影响区范围。

⑤投影情况及投影位置：判断投影是否偏斜，认清焊缝上缘和下缘以及根部的位置。

⑥认清焊接方向，估计结晶方向，查找起弧和收弧位置。

⑦了解试件厚度，判断试件厚度变化情况，大致判断清晰度、对比度、灰雾度的大小和成像质量水平，判定底片质量是否满足标准规定的要求。

（2）缺陷定性时的影像分析要点。

观察影像时，一般首先注意的是影像形状、尺寸、黑度。除此以外，还应进行下列观察与分析：

①影像位置：根据影像在底片上的位置以及影像特征，结合投影关系，推测其在焊缝中的位置是在根部、坡口还是在表面，是在焊缝还是在热影响区。

②影像的延伸方向：影像的延伸方向有一定规律性，例如，未熔合、未焊透等沿纵向分布，热裂纹、虫状气孔与焊缝结晶方向有关，咬边、弧坑的轮廓与焊缝表面波纹相吻合。

③影像轮廓清晰度：除照相工艺条件影响清晰度外，还应注意以下影响轮廓清晰度的因素，并据此分析厚板与薄板中影像清晰度的差异，缺陷和某些伪缺陷清晰度的差异、内部缺陷和表面缺陷轮廓清晰度的差异等。

④影像细节特征：注意寻找细节特征，如裂纹的尖端、锯齿、未焊透的直边等。

（3）影像定性分析方法——列举排除法。

列举排除法是影像定性分析常用的方法，对一定形状的影像，先列出它可能是什么，再根据每一类影像的特点，逐个鉴别，排除与影像特征不符的推测，最终得到正确的结论。

例如，对底片的一个黑点，它可能是气孔、点状夹渣、弧坑、压痕、水迹、显影液沾染、霉点，可逐个进行鉴别。

气孔、点状夹渣、压痕、水迹、显影液沾染的影像特征和识别方法在前文已有叙述，弧坑的特征是其发生在焊道中央，在收弧部位，焊接位置应处于平焊；如果是霉点，则应大量发生，在底片上广泛分布，不会是孤立黑点。

对底片上的一条黑线，可以列出它可能是裂纹、未熔合、未焊透、线状气孔、咬边、错口、划痕、水迹、增感屏伪缺陷等。

裂纹、未熔合、未焊透、划痕、水迹、增感屏伪缺陷影像的特征和识别方法在前文已有叙述；线状气孔为细长黑线，黑度均匀，轮廓圆滑，发生在手工单面焊的焊缝根部；咬边发生在焊缝边缘，与焊缝波纹的起伏走向一致；错口发生在焊缝中心线上，如果细看的话，可以发现它不是一道黑线，而是一道不同黑度区域的明暗分界线。

（二）超声波探伤

超声波探伤是利用超声波探测焊接接头表面和内部缺陷的检测方法。探伤时常用脉冲反射法超声波探伤。它是利用焊缝中的缺陷与正常组织具有不同的声阻抗和声波在不同声阻抗的异质界面上会产生反射的原理来发现缺陷的。探伤过程中，由探头中的压电换能器发射脉冲超声波，通过声耦合介质（水、油、甘油或糨糊等）传播到焊件中，遇到缺陷后产生反射波，经换能器转换成电信号，放大后显示在荧光屏上或打印在纸带上。根据探头位置和声波的传播时间（在荧光屏上回波位置）可找出缺陷位置，观察反射波的波幅，可近似评估缺陷的大小。

1. 超声波性质及特点

超声波探伤是目前应用最广泛的无损探伤方法之一。

超声波是一种机械波，机械振动与波动是超声波探伤的物理基础。物体沿着直线或曲线在某一平衡位置附近作往复周期性的运动，称为机械振动。振动的传播过程称为波动。波动分为机械波和电磁波两大类。机械波是机械振动在弹性介质中的传播过程。超声波就是一种机械波。机械波的主要参数有波长、频率和波速。波长 λ：同一波线上相邻两振动相位相同的质点间的距离。波源或介质中任意一质点完成一次全振动，波正好前进一个波长的距离，常用单位为米（m）。频率 f：波动过程中，任一给定点在 1 s 内所通过的完整波的个数，常用单位为赫兹（Hz）；波速 C：波动中，波在单位时间内所传播的距离，常用单位为米/秒（m/s）。由上述定义可得：$C=\lambda f$，即波长与波速成正比，与频率成反比；当频率一定时，波速愈大，波长就愈长；当波速一定时，频率愈低，波长就愈长。对钢等金属材料的检验，常用的频率为 1 ~ 5 MHz。

超声波波长很短，由此决定了超声波具有以下一些重要特性：

（1）方向性好：超声波是频率很高、波长很短的机械波，在无损探伤中使用的波长为毫米级；超声波像光波一样具有良好的方向性，可以定向发射，易于在被检材料中发现缺陷。

(2)能量高：由于能量(声强)与频率平方成正比，因此超声波的能量远大于一般声波的能量。

(3)能在界面上产生反射、折射和波形转换：超声波具有几何声学的一些特点，如在介质中直线传播，遇界面产生反射、折射和波形转换等。

(4)穿透能力强：超声波在大多数介质中传播时，传播能量损失小，传播距离大，穿透能力强，在一些金属材料中其穿透能力可达数米。

2. 波的类型

波的分类方法很多，下面简单介绍几种常见的分类方法。

1)纵波 L

介质中质点的振动方向与波的传播方向互相平行的波称为纵波，用 L 表示。当介质质点受到交变拉压应力作用时，质点之间产生相应的伸缩形变，从而形成纵波。这时介质质点疏密相间，故纵波又称为压缩波或疏密波。

凡能承受拉伸或压缩应力的介质都能传播纵波。固体介质能承受拉伸或压缩应力，因此固体介质可以传播纵波。液体和气体虽然不能承受拉伸应力，但能承受压应力产生容积变化，因此液体和气体介质也可以传播纵波。

2)横波 S(T)

介质中质点的振动方向与波的传播方向互相垂直的波称为横波，用 S 或 T 表示。

当介质质点受到交变剪切应力作用时，产生切变形变，从而形成横波。横波又称为切变波。

只有固体介质才能承受剪切应力，液体和气体介质不能承受剪切应力，因此横波只能在固体介质中传播，不能在液体和气体介质中传播。

3)表面波 R

当介质表面受到交变应力作用时，产生沿介质表面传播的波称为表面波，常用 R 表示。表面波是瑞利 1887 年首先提出来的，因此表面波又称瑞利波。

表面波在介质表面传播时，介质表面质点作椭圆运动，椭圆长轴垂直于波的传播方向，短轴平行于波的传播方向。椭圆运动可视为纵向振动与横向振动的合成，即纵波与横波的合成。因此，表面波同横波一样只能在固体介质中传播，不能在液体或气体介质中传播。

表面波只能在固体表面传播。表面波的能量随传播深度增加而迅速减弱。当传播深度超过 2 倍波长时，质点的振幅就已经很小了。因此，一般认为，表面波探伤只能发现距工件表面 2 倍波长深度内的缺陷。

4)板波

在板厚与波长相当的薄板中传播的波称为板波。

根据质点的振动方向不同，可将板波分为 SH 波和兰姆波。

(1)SH 波：SH 波是水平偏振的横波在薄板中传播的波。薄板中各质点的振动方向平行于板面而垂直于波的传播方向，相当于固体介质表面中的横波。

(2)兰姆波：兰姆波又分为对称型(S 型)和非对称型(A 型)。对称型(S 型)兰姆波的特点是薄板中心质点作纵向振动，上下表面质点作椭圆运动，振动相位相反并对称于中心。非对称型(A 型)兰姆波的特点是薄板中心质点作横向振动，上下表面质点作椭圆运动，相位相同，不对称。

3. 超声波的传播速度

超声波在介质中的传播速度与介质的弹性模量和密度有关。对特定的介质，弹性模量和密度为常数，故声速也是常数。不同的介质，有不同的声速。超声波波形不同时，介质弹性变形形式不同，声速也不一样。超声波在介质中的传播速度是表征介质声学特性的重要参数。

1) 固体介质中的纵波、横波与表面波声速

固体介质不仅能传播纵波，而且可以传播横波和表面波，但它们的声速是不同的。此外，介质尺寸的大小对声速也有一定的影响，无限大固体介质与细长棒中的声速也不一样。

无限大固体介质是相对于波长而言的，当介质的尺寸远大于波长时，就可以视为无限大固体介质。

在无限大固体介质中，纵波声速为

$$C_L = \sqrt{\frac{E}{\rho}}\sqrt{\frac{1-\sigma}{(1+\sigma)(1-2\sigma)}}$$

在无限大固体介质中，横波声速为

$$C_S = \sqrt{\frac{G}{\rho}} = \sqrt{\frac{E}{\rho}}\sqrt{\frac{1}{2(1+\sigma)}}$$

在无限大固体介质中，表面波声速为

$$C_R = \frac{0.87+1.12\sigma}{1+\sigma}\sqrt{\frac{G}{\rho}}$$

式中　E——介质的杨氏弹性模量，等于介质承受的拉应力 F/S 与相对伸长 $\Delta L/L$ 之比，即 $E = \dfrac{F/S}{\Delta L/L}$；

G——介质的切变弹性模量，等于介质承受的切应力 Q/S 与切应变 φ 之比，即 $G = \dfrac{Q/S}{\varphi}$；

ρ——介质的密度，等于介质的质量 m 与其体积 V 之比，即 $\rho = m/V$；

σ——介质的泊松比，等于介质横向相对缩短 $\varepsilon_1 = \Delta d/d$ 与纵向相对伸长 $\varepsilon = \Delta L/L$ 之比，即 $\sigma = \varepsilon_1/\varepsilon$。

由以上公式可知：

(1) 固体介质中的声速与介质的密度和弹性模量等有关，不同的介质，声速不同；介质的弹性模量愈大，密度愈小，则声速愈大。

(2) 声速还与波的类型有关，在同一固体介质中，纵波、横波和表面波的声速各不相同，并且相互之间有以下关系：

$$\frac{C_L}{C_S}=\sqrt{\frac{2(1-\sigma)}{1-2\sigma}}>1\text{，即 }C_L>C_S$$

$$\frac{C_R}{C_S}=\frac{0.87+1.12\sigma}{1+\sigma}<1\quad(\sigma<1)\text{，即 }C_S>C_R$$

所以，$C_L>C_S>C_R$。

这表明，在同一种固体材料中，纵波声速大于横波声速，横波声速又大于表面波声速。

对于钢材，$\sigma\approx0.28$，$C_L\approx1.8C_S$，$C_R\approx0.9C_S$，即 $C_L:C_S:C_R\approx1.8:1:0.9$。

2）细长棒中的纵波声速

在细长棒（棒径 $d\leqslant\lambda$）中轴向传播的纵波声速与无限大固体介质中纵波声速不同，细长棒中的纵波声速为

$$C_{Lb}=\sqrt{\frac{E}{\rho}}$$

常用固体材料的密度、声速与声阻抗见表 2-8。

表 2-8　常用固体材料的密度、声速与声阻抗

种类	ρ (g/cm³)	σ	C_{Lb} (m/s)	C_L (m/s)	C_S (m/s)	$Z=\rho C_L$ (×10⁶ g/(cm²·s))
铝	2.7	0.34	5 040	6 260	3 080	1.69
铁	7.7	0.28	5 180	5 850 ~ 5 900	3 230	4.50
铸铁	6.9 ~ 7.3			3 500 ~ 5 600	2 200 ~ 3 200	2.5 ~ 4.2
钢	7.7	0.28		5 880 ~ 5 950	3 230	4.53
铜	8.9	0.35	3 710	4 700	2 260	4.18
有机玻璃	1.18	0.324		2 730	1 460	0.32
聚苯乙烯	1.05	0.341		2 340 ~ 2 350	1 150	0.25
环氧树脂	1.1 ~ 1.25			2 400 ~ 2 900	1 100	0.27 ~ 0.36
尼龙	1.1 ~ 1.2			1 800 ~ 2 200		0.198 ~ 0.264
聚砜	1.185			2 250		0.266

4. 仪器、探头和试块

1）超声波探伤仪作用

超声波探伤仪是超声波探伤的主体设备，它的作用是产生电振荡并加于换能器（探头）上激励探头发射超声波，同时将探头送回的电信号进行放大，通过一定方式显示出来，从而得到被探工件内部有无缺陷及缺陷位置和大小等信息。

2）仪器的分类

超声波探伤技术在现代工业中的应用日益广泛，由于探测对象、探测目的、探测场

合、探测速度等方面的要求不同,因而有各种不同设计的超声波探伤仪,常见的有以下几种。

(1)按超声波的连续性分类。

①脉冲波探伤仪:这种仪器通过探头向工件周期性地发射不连续且频率不变的超声波,根据超声波的传播时间及幅度判断工件中缺陷位置和大小,这是目前使用最广泛的探伤仪。

②连续波探伤仪:这种仪器通过探头向工件中发射连续且频率不变(或在小范围内周期性变化)的超声波,根据透过工件的超声波强度变化判断工件中有无缺陷及缺陷大小。这种仪器灵敏度低,且不能确定缺陷位置,因而已大多被脉冲波探伤仪所代替,但在超声显像及超声共振测厚等方面仍有应用。

③调频波探伤仪:这种仪器通过探头向工件中发射连续的频率周期性变化的超声波,根据发射波与反射波的差频变化情况判断工件中有无缺陷。以往的调频式路轨探伤仪便采用这种原理。但由于这种仪器只适宜检查与探测面平行的缺陷,所以这种仪器也大多被脉冲波探伤仪所代替。

(2)按缺陷显示方式分类。

①A 型显示探伤仪:A 型显示是一种波形显示,探伤仪荧光屏的横坐标代表声波的传播时间(或距离),纵坐标代表反射波的幅度。由反射波的位置可以确定缺陷位置,由反射波的幅度可以估算缺陷大小。

②B 型显示探伤仪:B 型显示是一种图像显示,探伤仪荧光屏的横坐标靠机械扫描来代表探头的扫查轨迹,纵坐标靠电子扫描来代表声波的传播时间(或距离),因而可直观地显示出被探工件任一纵截面上缺陷的分布及缺陷的深度。

③C 型显示探伤仪:C 型显示也是一种图像显示,探伤仪荧光屏的横坐标和纵坐标都靠机械扫描来代表探头在工件表面的位置。探头接收信号幅度以光点辉度表示,因而当探头在工件表面移动时,荧光屏上便显示出工件内部缺陷的平面图像,但不能显示缺陷的深度。

(3)按超声波的通道分类。

①单通道探伤仪:这种仪器由一个或一对探头单独工作,是目前超声波探伤中应用最广泛的仪器。

②多通道探伤仪:这种仪器由多个或多对探头交替工作,每一通道相当于一台单通道探伤仪,适用于自动化探伤。

3)探头的种类

超声波探伤用探头的种类很多,根据波形不同分为纵波探头、横波探头、表面波探头、板波探头等。根据耦合方式分为接触式探头和液(水)浸接头。根据波束分为聚焦探头与非聚焦探头。根据晶片数不同分为单晶探头、双晶探头等。此外,还有高温探头、微型探头等特殊用途探头。

下面介绍几种典型探头。

(1)直探头(纵波探头)。

直探头用于发射和接收纵波,故又称为纵波探头。直探头主要用于探测与探测面平行的缺陷,如板材、锻件探伤等。

(2)斜探头。

斜探头可分为纵波斜探头($\alpha_L < \alpha_Ⅰ$)、横波斜探头($\alpha_L = \alpha_Ⅰ \sim \alpha_Ⅱ$)和表面波斜探头($\alpha_L \geqslant \alpha_Ⅱ$)。这里仅介绍横波斜探头。

横波斜探头利用横波探伤,主要用于探测与探测面垂直或成一定角度的缺陷,如焊缝探伤、汽轮机叶轮探伤等。

(3)表面波探头。

当斜探头的入射角大于或等于第二临界角时,在工件中便产生表面波。因此,表面波探头是斜探头的一个特例。它用于产生和接收表面波。表面波探头的结构与横波斜探头一样,唯一的区别是斜楔块入射角不同。

(4)双晶探头(分割探头)。

双晶探头有两块压电晶片,一块用于发射超声波,另一块用于接收超声波。根据入射角 α_L 不同,分为双晶纵波探头($\alpha_L < \alpha_Ⅰ$)和双晶横波探头($\alpha_L = \alpha_Ⅰ \sim \alpha_Ⅱ$)。

(5)可变角探头。

可变角探头的入射角是可变的。转动压电晶片可使入射角连续变化,一般变化范围为0°~70°,可实现纵波、横波、表面波和板波探伤。

(6)爬波探头。

爬波是指表面下纵波。当纵波以第一临界角 $\alpha_Ⅰ$ 附近的角度入射到界面时,就会在第二介质中产生表面上纵波,即爬波。这时第二介质中除爬波外,还有其他波型,但速度均较爬波慢。爬波与表面波不同,表面波是入射角大于或等于第二临界角时产生的,是表面下的横波,波速较低。

4)试块

按一定用途设计制作的具有简单几何形状的人工反射体的试样,通常称为试块。试块和仪器、探头一样,是超声波探伤中的重要工具。

(1)试块的作用。

①确定探伤灵敏度。

超声波探伤灵敏度太高或太低都不好,太高杂波多,判伤困难;太低会引起漏检。因此,在超声波探伤前,常用试块上某一特定的人工反射体来调整探伤灵敏度。

②测试仪器和探头的性能。

超声波探伤仪和探头的一些重要性能,如放大线性、水平线性、动态范围、灵敏度余量、分辨力、盲区、探头的入射点、K 值等都是利用试块来测试的。

③调整扫描速度。

利用试块可以调整仪器示波屏上水平刻度值与实际声程之间的比例关系,即扫描速度,以便对缺陷进行定位。

④评判缺陷的大小。

利用某些试块绘出的距离－波幅－当量曲线(实用 AVG)来对缺陷定量是目前常

用的定量方法之一。特别是3N以内的缺陷,采用试块比较法仍然是最有效的定量方法。

此外,还可利用试块来测量材料的声速、衰减性能等。

(2)常用试块。

①平底孔试块:一般平底孔试块上加工有底面为平面的平底孔,如CS-1、CS-2试块。

②横孔试块:横孔试块上加工有与探测面平行的长横孔或短横孔,如焊缝探伤中CSK-ⅡA(长横孔)和CSK-ⅢA(短横孔)试块。

③槽形试块:槽形试块上加工有三角尖槽或矩形槽,如无缝钢管探伤中所用的试块,内、外圆表面就加工有三角尖槽。

5)耦合剂的要求及补偿

(1)要求。

超声耦合是指超声波在探测面上的声强透射率。声强透射率高,超声耦合好。为了提高耦合效果,在探头与工件表面之间施加的一层透声介质称为耦合剂。耦合剂的作用在于排除探头与工件表面之间的空气,使超声波能有效地传入工件,达到探伤的目的。此外,耦合剂还有减少摩擦的作用。一般耦合剂应满足以下要求:

①能润湿工件和探头表面,流动性、黏度和附着力适当,易清洗。

②声阻抗高,透声性能好。

③来源广,价格便宜。

④对工件无腐蚀,对人体无害,不污染环境。

⑤性能稳定,不易变质,能长期保存。

超声波探伤中常用耦合剂有机油、洗洁精、水、化学浆糊等。

(2)表面耦合损耗的测定和补偿。

在实际探伤中,当调节探伤灵敏度用的试块与工件表面粗糙度、曲率半径不同时,往往由于工件耦合损耗大而使探伤灵敏度降低。为了弥补耦合损耗,必须增大仪器的输出来进行补偿。为了恰当地补偿耦合损耗,应首先测定工件与试块表面耦合损耗的分贝差。一般的测定耦合损耗差的方法为:在表面耦合状态不同、其他条件(如材质、反射体、探头和仪器等)相同的工件和试块上测定两者回波或穿透波高分贝差。

6)灵敏度的调节

探伤灵敏度是指在确定的声程范围内发现规定大小缺陷的能力,一般根据产品技术要求或有关标准确定。可通过调节仪器上的“增益”、“衰减器”、“发射强度”等灵敏度旋钮来实现。

调整探伤灵敏度的目的在于发现工件中规定大小的缺陷,并对缺陷定量。探伤灵敏度太高或太低都对探伤不利。灵敏度太高,示波屏上杂波多,判伤困难;灵敏度太低,容易引起漏检。

在实际探伤中,在粗探时为了提高扫查速度而又不致引起漏检,常常将探伤灵敏度适当提高,这种在探伤灵敏度的基础上适当提高后的灵敏度叫作搜索灵敏度或扫查灵敏度。

调整探伤灵敏度的常用方法有试块调整法和工件底波调整法两种。

(1)试块调整法。

根据工件对灵敏度的要求选择相应的试块,将探头对准试块上的人工缺陷,调整仪器上的有关灵敏度旋钮,使示波屏上人工缺陷的最高反射回波达基准波高,这时灵敏度就调好了。相关步骤参照各仪器使用说明书。

(2)工件底波调整法。

利用试块调整灵敏度,操作简单方便,但需要加工不同声程、不同当量尺寸的试块,成本高,携带不便,同时还要考虑工件与试块因耦合和衰减不同进行补偿。如果利用工件底波来调整探伤灵敏度,那么既不要加工任何试块,又不需要进行补偿。

利用工件底波调整探伤灵敏度的依据是工件底面回波与同深度的人工缺陷(如平底孔)回波分贝差为定值,这个定值可以由下述理论公式计算出来:

$$\Delta = 20\lg\frac{P_B}{P_f} = 20\lg\frac{2\lambda x}{\pi D_f^2} \quad (x \geqslant 3N)$$

式中　x——工件厚度;

D_f——要求探出的最小平底孔尺寸。

利用底波调整探伤灵敏度时,将探头对准工件底面,仪器保留足够的衰减余量,一般大于$\Delta+(6\sim10)$dB(考虑搜索灵敏度),调“抑制”至0,调“增益”使底波B_1最高达基准波高(如80%),然后用“衰减器”增益ΔdB(衰减余量减少ΔdB),这时探伤灵敏度就调好了。

由于理论公式只适用于$x\geqslant3N$的情况,因此利用工件底波调灵敏度的方法也只能用于厚度尺寸$x\geqslant3N$的工件,同时要求工件具有平行底面或圆柱曲底面,且底面光洁干净。当底面粗糙或有水油时,将使底面反射率降低,底波下降,这样调整的灵敏度将会偏高。

5.缺陷的判定、大小的测定及缺陷的性质

超声波探伤中缺陷位置的测定是确定缺陷在工件中的位置,简称定位。一般可根据示波屏上缺陷波的水平刻度值与扫描速度来对缺陷定位。

1)纵波(直探头)探伤时缺陷定位

仪器按1∶n调节纵波扫描速度,缺陷波前沿所对的水平刻度值为τ_f,则缺陷至探头的距离x_f为

$$x_f = n\tau_f$$

若探头波束轴线不偏离,则缺陷正位于探头中心轴线上。

2)表面波探伤时缺陷定位

表面波探伤时,缺陷位置的确定方法基本同纵波。只是缺陷位于工件表面,并正对探头中心轴线。

3)横波探伤平面时缺陷定位

横波斜探头探伤平面时,波束轴线在探测面处发生折射,工件中缺陷的位置由探头

的折射角和声程确定，或由缺陷的水平和垂直方向的投影来确定。由于横波扫描速度可按声程、水平、深度来调节，因此缺陷定位的方法也不一样。

4）横波周向探测圆柱曲面时缺陷定位

前面讨论的是横波探伤中探测面为平面时的缺陷定位问题。当横波探测圆柱面时，若沿轴向探测，缺陷定位与平面相同；若沿周向探测，缺陷定位则与平面不同。

5）缺陷的大小测定

缺陷定量包括确定缺陷的大小和数量，而缺陷的大小指缺陷的面积和长度。

目前，在工业超声波探伤中，缺陷定量的方法很多，但均有一定的局限性。常用的定量方法有当量法、测长法和底波高度法三种。当量法和底波高度法用于缺陷尺寸小于声束截面的情况，测长法用于缺陷尺寸大于声束截面的情况。

（1）当量法。

采用当量法确定的缺陷尺寸是缺陷的当量尺寸。常用的当量法有当量试块比较法、当量计算法和当量 AVG 曲线法。

①当量试块比较法。

当量试块比较法是将工件中的自然缺陷回波与试块上的人工缺陷回波进行比较来对缺陷定量的方法。

加工制作一系列含有不同声程、不同尺寸的人工缺陷（如平底孔）试块，探伤中发现缺陷时，将工件中自然缺陷回波与试块上人工缺陷回波进行比较。当同声程处的自然缺陷回波与某人工缺陷回波高度相等时，该人工缺陷的尺寸就是此自然缺陷的当量大小。

利用当量试块比较法对缺陷定量要尽量使试块与被探工件的材质、表面光洁度和形状一致，并且其他探测条件不变，如仪器、探头、灵敏度旋钮的位置、对探头施加的压力等。

当量试块比较法是超声波探伤中应用最早的一种定量方法，其优点是直观易懂，当量概念明确，定量比较稳妥可靠。但这种方法需要制作大量试块，成本高。同时，操作也比较烦琐，现场探伤要携带很多试块，很不方便。因此，当量试块比较法应用不多，仅在 $x<3N$ 的情况下或特别重要零件的精确定量时应用。

②当量计算法。

当 $x \geqslant 3N$ 时，规则反射体的回波声压变化规律基本符合理论回波声压公式。当量计算法就是根据探伤中测得的缺陷波高的分贝值，利用各种规则反射体的理论回波声压公式进行计算来确定缺陷当量尺寸的定量方法。应用当量计算法对缺陷定量不需要任何试块，是目前广泛应用的一种当量法。下面以纵波探伤为例来说明平底孔当量计算法。

平底孔和大平底面的回波声压公式为

$$P_B = \frac{P_0 F_S}{2\lambda x_B} e^{-\frac{2\alpha x_B}{8.68}} \quad （平底孔，x \geqslant 3N）$$

$$P_f = \frac{P_0 F_S F_f}{\lambda^2 x_f^2} e^{-\frac{2\alpha x_f}{8.68}} \quad (\text{大平底面}, x \geqslant 3N)$$

不同距离处的大平底与平底孔回波分贝差为

$$\Delta_{Bf} = 20\lg \frac{P_B}{P_f} = 20\lg \frac{2\lambda x_f^2}{\pi D_f^2 x_B} + 2\alpha(x_f - x_B)$$

式中　Δ_{Bf}——底波与缺陷波的分贝差；

x_f——缺陷至探测面的距离；

x_B——底面至探测面的距离；

D_f——缺陷的当量平底孔直径；

λ——波长；

α——材质衰减系数(单程)。

不同平底孔回波分贝差为

$$\Delta_{12} = 20\lg \frac{P_{f1}}{P_{f2}} = 40\lg \frac{D_{f1} x_2}{D_{f2} x_1} + 2\alpha(x_2 - x_1)$$

式中　Δ_{12}——平底孔1、2的分贝差；

D_{f1}、D_{f2}——平底孔1、2的当量直径；

x_1、x_2——平底孔1、2的距离。

利用以上公式和测试结果可以算出缺陷的当量平底孔尺寸。

③当量AVG曲线法。

当量AVG曲线法是利用通用AVG曲线或实用AVG曲线来确定工件中缺陷的当量尺寸。

(2)测长法。

当工件中缺陷尺寸大于声束截面时，一般采用测长法来确定缺陷的长度。

测长法根据缺陷波高与探头移动距离来确定缺陷的尺寸。按规定的方法测定的缺陷长度称为缺陷的指示长度。由于实际工件中缺陷的取向、性质、表面状态等都会影响缺陷回波高，因此缺陷的指示长度总是小于或等于缺陷的实际长度。

根据测定缺陷长度时的灵敏度基准不同，将测长法分为相对灵敏度法、绝对灵敏度法和端点峰值法。

①相对灵敏度法。

相对灵敏度法是以缺陷最高回波为相对基准、沿缺陷的长度方向移动探头，降低一定的分贝值来测定缺陷的长度。降低的分贝值有3 dB、6 dB、10 dB、12 dB、20 dB等几种。常用的是6 dB法和端点6 dB法。

6 dB法(半波高度法)：由于波高降低6 dB后正好为原来的一半，因此6 dB法又称为半波高度法。

半波高度法的具体做法是：移动探头，找到缺陷的最大反射波(不能达到饱和)，然后沿缺陷方向左右移动探头，当缺陷波高降低一半时，探头中心线之间的距离就是缺陷的指示长度。

6 dB 法的具体做法是：移动探头找到缺陷的最大反射波后，调节衰减器，使缺陷波高降至基准波高。然后用衰减器将仪器灵敏度提高 6 dB，沿缺陷方向移动探头，当缺陷波高降至基准波高时，探头中心线之间的距离就是缺陷的指示长度。

半波高度法（6 dB 法）是对缺陷测长较常用的一种方法。其适用于测长扫查过程中缺陷波只有一个高点的情况。

端点 6 dB 法（端点半波高度法）：当缺陷各部分反射波高有很大变化时，测长采用端点 6 dB 法。

端点 6 dB 法的具体做法是：当发现缺陷后，将探头沿着缺陷方向左右移动，找到缺陷两端的最大反射波，分别以这两个端点反射波高为基准，继续向左、向右移动探头，当端点反射波高降低一半（或 6 dB）时，探头中心线之间的距离即为缺陷的指示长度。这种方法适用于测长扫查过程中缺陷反射波有多个高点的情况。

半波高度法和端点 6 dB 法都属于相对灵敏度法，因为它们是以被测缺陷本身的最大反射波或以缺陷本身两端最大反射波为基准来测定缺陷长度的。

②绝对灵敏度法。

绝对灵敏度法是在仪器灵敏度一定的条件下，将探头沿缺陷长度方向平行移动，当缺陷波高降到规定位置时，探头移动的距离即为缺陷的指示长度。

绝对灵敏度法测得的缺陷指示长度与测长灵敏度有关。测长灵敏度高，缺陷长度大。在自动探伤中常用绝对灵敏度法测长。

③端点峰值法。

探头在测长扫查过程中，当发现缺陷反射波峰值起伏变化，有多个高点时，则可以缺陷两端反射波极大值之间探头的移动长度来确定缺陷指示长度，这种方法称为端点峰值法。

端点峰值法测得的缺陷长度比端点 6 dB 法测得的指示长度要小一些。端点峰值法也只适用于测长扫查过程中缺陷反射波有多个高点的情况。

（3）底波高度法。

底波高度法是利用缺陷波与底波的相对波高来衡量缺陷的相对大小。

当工件中存在缺陷时，由于缺陷反射，使工件底波下降，缺陷愈大，缺陷波愈高，底波就愈低，缺陷波高与底波高之比就愈大。

底波高度法常用以下几种方法来表示缺陷的相对大小。

底波高度法不用试块，可以直接利用底波调节灵敏度和比较缺陷的相对大小，操作方便。但其不能给出缺陷的当量尺寸，同样大小的缺陷，距离不同，F/B_F 不同，距离小时 F/B_F 大，距离大时 F/B_F 小。因此，F/B_F 相同的缺陷当量尺寸并不一定相同。此外，底波高度法只适用于具有平行底面的工件。

6）焊缝中常见缺陷

焊缝中常见缺陷有气孔、未焊透、未熔合、夹渣和裂纹等。

(1)气孔。

气孔是在焊接过程中焊接熔池高温时吸收了过量的气体或冶金反应产生的气体,在冷却凝固之前来不及逸出而残留在焊缝金属内所形成的空穴。产生气孔的主要原因是焊条或焊剂在焊前未烘干,焊件表面污物清理不净等。气孔大多呈球形或椭圆形。气孔分为单个气孔、链状气孔和密集气孔。

(2)未焊透。

未焊透是指焊接接头部分金属未完全熔透的现象。产生未焊透的主要原因是焊接电流过小、运条速度太快或焊接规范不当(如坡口角度过小、根部间隙过小或钝边过大等)。未焊透分为根部未焊透、中间未焊透和层间未焊透等。

(3)未熔合。

未熔合主要是指填充金属与母材之间没有熔合在一起或填充金属层之间没有熔合在一起。产生未熔合的主要原因是坡口不干净,运条速度太快,焊接电流过小,焊条角度不当等。未熔合分为坡口面未熔合和层间未熔合。

(4)夹渣。

夹渣是指焊后残留在焊缝金属内的熔渣或非金属夹杂物。夹渣主要是由焊接电流过小,速度过快,清理不干净,致使熔渣或非金属夹杂物来不及浮起而形成的。夹渣分为点状和条状。

(5)裂纹。

裂纹是指在焊接过程中或焊后,在焊缝或母材的热影响区局部破裂的缝隙。

按裂纹成因分为热裂纹、冷裂纹和再热裂纹等。热裂纹是由于焊接工艺不当在施焊时产生的。冷裂纹是由于焊接应力过高,焊条焊剂中含氢量过高或焊件刚性差异过大造成的。热裂纹常在焊件冷却到一定温度后才产生,因此又称延迟裂纹。再热裂纹一般是焊件在焊后再次加热(消除应力热处理或其他加热过程)而产生的裂纹。

按裂纹的分布分为焊缝区裂纹和热影响区裂纹。按裂纹的取向分为纵向裂纹和横向裂纹。

焊缝中的气孔、夹渣是立体型缺陷,危害性较小。而裂纹、未熔合是平面型缺陷,危害性较大。在焊缝探伤中,由于焊缝高的影响及焊缝中裂纹、未焊透、未熔合等危险性大的缺陷往往与探测面垂直或成一定的角度,因此一般采用横波探伤。

(三)磁粉探伤

磁粉探伤是利用强磁场中铁磁场材料表层缺陷产生的漏磁场吸附磁粉的现象而进行的无损检验方法。对于铁磁材质焊件,表面或近表层出现缺陷时,一旦被强磁化,就会有部分磁力线外溢,形成漏磁场,对施加到焊件表面的磁粉产生吸附,显示出缺陷痕迹。可根据磁粉痕迹(简称磁痕)来判定缺陷的位置、取向和大小。

磁粉探伤方法可检测铁磁性材料的表面缺陷和近表面缺陷。磁粉探伤对表面缺陷灵敏度最高,表面以下的缺陷随深度的增加,灵敏度迅速降低。磁粉探伤方法操作简单,缺陷显现直观,结果可靠,能检测焊接结构表面和近表面的裂纹、折叠、夹层、夹渣、冷隔、白点等缺陷。磁粉探伤适用于施焊前坡口面的检验、焊接过程中焊道表面检验、焊缝成形表面检验、焊后经热处理及压力试验后的表面检验等。

1. 磁粉检测原理

铁磁性材料磁化后,在不连续性处或磁路的截面变化处,磁感应线离开和进入表面时形成磁场。由于空气的磁导率远远低于铁磁性材料的磁导率,如果在磁化了的铁磁性工件上存在着不连续性或裂纹,则磁感应线优先通过磁导率高的工件,这就迫使一部分磁感应线从缺陷下面绕过,形成磁感应线的压缩。由于工件上这部分可容纳的磁感应线数目有限及同性磁感应线相斥,所以一部分磁感应线从不连续性或裂纹中穿过,另一部分磁感应线遵从折射定律几乎从工件表面垂直地进入空气中而绕过缺陷又折回工件,形成了漏磁场。缺陷处产生漏磁场是磁粉检测的基础。漏磁场是看不见的,必须有显示或检测漏磁场的手段。磁粉检测是通过漏磁场引起磁粉聚集形成的磁痕显示进行检测的。

1)磁化电流

磁粉检测中磁场主要通过电流产生,通过采用不同的电流对工件实现磁化。这种为在工件上形成磁化磁场而采用的电流叫作磁化电流。磁粉检测所采用的磁化电流分为交流电、整流电、直流电和冲击电流等,其中交流电和整流电是最常用的磁化电流。

磁化电流的选择:

(1)用交流电磁化湿法检验,对工件表面微小缺陷检测灵敏度高。

(2)交流电的渗入深度不如整流电和直流电。

(3)交流电用于剩磁法检验时,应加装断电相位控制器。

(4)交流电磁化连续法检验主要与有效值电流有关,而剩磁检验主要与峰值电流有关。

(5)整流电流中包含的交流分量越大,检测近表面较深缺陷的能力越小。

(6)单相半波整流电磁化干法检验,对工件近表面缺陷检测灵敏度高。

(7)三相全波整流电可检测工件近表面较深的缺陷。

(8)直流电可检测工件近表面最深的缺陷。

(9)冲击电流只能用于剩磁法检验和专用设备。

2)磁化方法

磁粉检测对缺陷检出能力除与施加的磁场大小有关外,还与缺陷的大小、形状、延伸方向以及位置有关。工件磁化时,当磁场方向与缺陷延伸方向垂直时,缺陷处的漏磁场最大,检测灵敏度最高,当磁场方向与缺陷延伸方向夹角为45°时,缺陷可以显示,但灵敏度降低;当磁场方向与缺陷延伸方向平行时,不产生磁痕显示,发现不了缺陷。

根据工件的几何形状、尺寸大小和欲发现缺陷的方向而在工件上建立的磁场方向,将磁化方法分为周向磁化、纵向磁化和多向磁化。所谓周向与纵向,是相对被检工件上的磁场方向而言的。

3)磁化规范

对工件磁化,选择磁化电流值或磁场强度值所遵循的规则,称为磁化规范。磁粉检测应使用既能检测出所有的有害缺陷,又能区分磁痕显示的最小磁场强度进行检验。磁场强度过大,易产生过渡背景,会掩盖相关显示;磁场强度过小,磁痕显示不清晰,难以发现缺陷。

轴向通电法和中心导体法的磁化规范见表2-9。中心导体法可用于检测工件内、外表面与电流平行的纵向缺陷和端面的径向缺陷。外表面检测时应尽量使用直流电或整流电。

表2-9　轴向通电法和中心导体法的磁化规范

检测方法	磁化电流的计算公式	
	AC	FWDC
连续法	$I=(8\sim15)D$	$I=(12\sim32)D$
剩磁法	$I=(25\sim45)D$	$I=(25\sim45)D$

注:I为磁化电流,A;对于圆柱形工件,D为工件直径,mm;对于非圆柱形工件,D为工件截面上最大尺寸,mm。

磁化规范公式的来源:轴向通电磁化电流的计算公式为$H=\dfrac{I}{\pi D}$。

当采用中心导体法磁化时,若工件直径大、设备的功率电流值不能满足,可采用偏置芯棒法磁化。应依次将芯棒紧靠工件内壁(必要时对与工件接触部位的芯棒进行绝缘)停放在不同位置,以检测整个圆周,在工件圆周方向表面的有效磁化区为芯棒直径d的4倍,并应有不小于10%的磁化重叠区。磁化电流仍按表2-9中的公式计算,只是工件直径D要按芯棒直径与2倍工件壁厚之和计算。

2. 磁粉检测器材

磁粉检测器材包括磁粉、磁悬液、反差增加剂、标准试片、标准试块、磁粉探伤仪、毫特斯拉计、袖珍式磁强计、照度计、通电时间测量器、弱磁场测量仪、快速断电试验器、磁粉吸附仪。

3. 磁粉检测工艺

磁粉检测工艺主要包括:磁粉检测的预处理;工件的磁化;施加检测介质;磁痕观察和记录;缺陷评级;退磁;后处理。

根据磁粉检测所用的载液或载体不同,磁粉检测方法一般分为湿法检测和干法检测:湿法检测是将磁粉悬浮在载液中进行检测的方法,干法检测是以空气为载体将干磁粉施加在工件表面进行检测的方法。根据磁化工件和施加磁粉或磁悬液的时机不同,分为连续法检测和剩磁法检测:连续法检测是在外加磁场磁化的同时,将磁粉或磁悬液施加到工件上进行检测的方法;剩磁法检测是在停止磁化后,再将磁悬液施加到工件上,利用工件上的剩磁进行检测的方法。根据磁化方法的不同,分为轴向通电法、触头法、线圈法、磁轭法、中心导体法、交叉磁轭法等。根据不同分类条件,磁粉检测方法分类见表2-10。

表 2-10　磁粉检测方法分类

分类条件	磁粉检测方法
施加磁粉的载体	湿法（荧光磁粉、非荧光磁粉）、干法（非荧光磁粉）
施加磁粉的时机	连续法、剩磁法
磁化方法	轴向通电法、触头法、线圈法、磁轭法、中心导体法、交叉磁轭法等

磁粉检测方法不同，其检测工艺程序也有所不同。磁粉检测的工艺程序与施加磁粉或磁悬液的时机密切相关。连续法中，施加磁粉或磁悬液与外加磁场磁化是同步进行的，表面粗糙度较低的工件在磁化及施加磁粉或磁悬液的同时，完成磁痕观察与记录，其检测工艺程序如下：

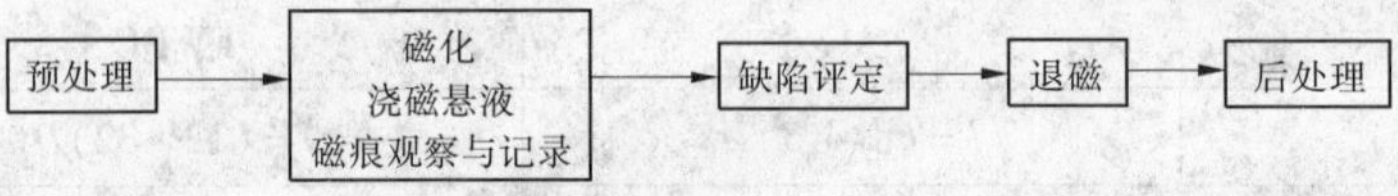

对于表面粗糙的工件，其磁痕观察与记录往往在磁化及施加磁粉或磁悬液之后进行，其检测工艺程序如下：

剩磁法是在外加磁场磁化完成以后，再将磁悬液施加到工件上，其检测工艺程序如下：

磁粉检测的时机应安排在容易产生缺陷的各道工序（如焊接、热处理、机加工、磨削、锻造、铸造、矫正和加载试验）之后，喷漆、发蓝、磷化、氧化、阳极化、电镀或其他表面处理工序前进行。表面处理后还需进行局部机加工的，对该局部机加工表面需再次进行磁粉检测。工件要求腐蚀检验时，磁粉检测应在腐蚀工序后进行。

焊接接头的磁粉检测应安排在焊接工序完成之后进行。对于有延迟裂纹倾向的材料，磁粉检测应根据要求至少在焊接完成 24 h 后进行。有再热裂纹倾向的材料应在热处理后再增加一次磁粉检测。除另有要求外，对紧固件和锻件的磁粉检测，应安排在最终热处理之后进行。

4. 磁痕的分析与评定

1）磁痕分析的意义

磁粉检测是利用磁粉聚集形成的磁痕来显示工件上的不连续性和缺陷的。通常把磁粉检测时磁粉聚集形成的图像称为磁痕，磁痕的宽度一般为不连续性（缺陷）宽度的数倍,说明磁痕对缺陷的宽度具有放大作用。

能够形成磁痕显示的原因有很多,主要分为三类:磁粉检测时由于缺陷(裂纹、未熔合、气孔和夹渣等)产生的漏磁场吸附磁粉形成的磁痕显示称为相关显示,又叫缺陷显示;由于磁路截面突变以及材料磁导率差异等原因产生的漏磁场吸附磁粉形成的磁痕显示称为非相关显示;不是由漏磁场吸附磁粉形成的磁痕显示称为伪显示。这三种磁痕显示的区别是:相关显示与非相关显示是由漏磁场吸附磁粉形成的,而伪显示不是由漏磁场吸附磁粉形成的;只有相关显示影响工件的使用性能,非相关显示和伪显示都不影响工件的使用性能。因此,磁粉检测人员应具有丰富的实践经验,并能结合工件的材料、形状和加工工艺,熟练掌握各种磁痕显示的特征、产生原因及鉴别方法,必要时用其他无损检测方法进行验证,做到去伪存真。

磁痕分析的意义十分重大,主要体现在以下几方面:

第一,正确的磁痕分析可以避免误判。如果把相关显示误判为非相关显示或伪显示,则会产生漏检,造成重大的质量隐患;相反,如果把非相关显示和伪显示误判为相关显示,则会把合格的特种设备和工件拒收或报废,造成不必要的经济损失。

第二,由于磁痕显示能反映出不连续性和缺陷的位置、大小、形状和严重程度,并可大致确定缺陷的性质,所以磁痕分析可为产品设计和工艺改进提供较可靠的信息。

第三,对在用特种设备进行磁粉检测,特别是用于发现疲劳裂纹和应力腐蚀裂纹,可以做到及早预防,避免设备和人身事故的发生。

2)伪显示

伪显示不是由漏磁场吸附磁粉形成的磁痕显示,也叫假显示。出现假显示的情况有以下几种:

(1)工件表面粗糙(例如焊缝两侧的凹陷,粗糙的工件表面)使磁粉滞留形成磁痕显示。其特点是磁粉堆积很松散,如果将工件在煤油或水分散剂内漂洗,可将磁痕去除。

(2)工件表面的氧化皮和锈蚀及油漆斑点的边缘上会出现磁痕。清除氧化皮和油漆,重新检测,即可消除。

(3)工件表面有油污或不清洁等都会黏附磁粉形成磁痕显示。当清洗并干燥工件后重新检验时,该显示不再出现。

(4)磁悬液浓度过大,或施加不当,都可能造成假显示。漂洗后,该显示不再出现。

3)非相关显示

非相关显示不是来源于缺陷,但却是由漏磁场吸附磁粉产生的。其形成原因很复杂,一般与工件本身的材料、工件的外形结构、采用的磁化规范和工件的制造工艺等因素有关。有非相关显示的工件,其强度和使用性能并不受影响,对工件不构成危害,但是它与相关显示容易混淆,也不像伪显示那样容易识别。

非相关显示的产生原因、磁痕特征和鉴别方法如下:

(1)磁极和电极附近。

①产生原因:采用电磁轭检验时,在磁极与工件接触处,磁感应线离开工件表面和

进入工件表面都产生漏磁场，而且磁极附近磁通密度大；同样，采用触头法检验时，由于电极附近电流密度大，产生的磁通密度也大，所以在磁极和电极附近的工件表面上会产生一些磁痕显示。

②磁痕特征：磁极和电极附近的磁痕多而松散，与缺陷产生的相关显示磁痕特征不同，但在该处容易形成过渡背景，掩盖相关显示。

③鉴别方法：退磁后，改变磁极和电极的位置，重新进行检验，该处磁痕显示重复出现者可能是相关显示，不再出现者为非相关显示。

(2)工件截面突变。

①产生原因：工件内键槽等部位的截面缩小，在这一部分金属截面内所能容纳的磁感应线有限，由于磁饱和，迫使一部分磁感应线离开和进入工件表面，形成漏磁场，吸附磁粉，形成非相关显示。

②磁痕特征：磁痕松散，有一定的宽度。

③鉴别方法：这类磁痕显示都是有规律地出现在同类工件的同一部位。根据工件的几何形状，容易找到磁痕显示形成的原因。

(3)磁写。

①产生原因：当两个已磁化的工件互相接触或用一钢块在一个已磁化的工件上划过时，在接触部位便会产生磁性变化，产生的磁痕显示称为磁写。

②磁痕特征：磁痕松散，线条不清晰，像乱画的样子。

③鉴别方法：将工件退磁后，重新进行磁化和检验，如果磁痕显示不重复出现，则原显示为磁写磁痕显示。但严重者在进行多方向退磁后，磁痕才不再出现。

(4)两种材料交界处。

①产生原因：在焊接过程中，将两种磁导率不同的材料焊接在一起，或者母材与焊条的磁导率相差很大(如用奥氏体焊条焊接铁磁性材料)，在焊缝与母材交界处就会产生磁痕显示。如某加氢反应器的筒体材质为2.25Cr1Mo，而焊缝采用镍基焊条，在其连接处由于磁导率不同，而产生磁痕显示。

②磁痕特征：有的磁痕松散，有的磁痕浓密清晰，类似裂纹磁痕显示，在整条焊缝都出现同样的磁痕显示。

③鉴别方法：结合焊接工艺、母材与焊条材料进行分析。

(5)局部冷作硬化。

①产生原因：工件的冷加工硬化(如局部锤击和矫正等)，会使工件局部硬化，导致磁导率变化，形成漏磁场。如弯曲再拉直的一根铁钉，其弯曲处金属变硬，磁导率发生变化，在原弯曲处就会产生漏磁场，吸附磁粉，形成非相关显示。

②磁痕特征：磁痕显示宽而松散，呈带状。

③鉴别方法：一是根据磁痕特征分析，二是将该工件退火消除应力后重新进行磁粉检测，这种磁痕显示不再出现。

(6)金相组织不均匀。

产生原因：由于金相组织不均匀而使工件内部的磁导率存在差异，形成磁痕显示。

金相组织不均匀的原因有以下几种：

①工件在淬火时有可能产生组织不均匀，如高频淬火，由于冷却速度不均匀而导致组织差异，在淬硬层形成有规律的间距。

②马氏体不锈钢的金相组织为铁素体和马氏体，其金相组织不均匀。

③高碳钢和高碳合金钢的钢锭凝固时，所产生的树枝状偏析，导致钢的化学成分不均匀，在其间隙中形成碳化物，在轧制过程中沿压延方向被拉成带状，带状组织导致组织不均匀。

(7)磁化电流过大。

①产生原因：每一种材料都有一定的磁导率，在单位横截面上容纳的磁感应线是有限的。当磁化电流过大时，在工件截面突变的极端处，磁感应线并不能完全在工件内闭合，在棱角处磁力线容纳不下时会溢出工件表面，产生漏磁场，吸附磁粉，形成磁痕。此外，过大的磁化电流还会把金属流线显示出来，流线的磁痕特征是成群出现的，而且呈平行状态分布。

②磁痕特征：磁痕松散，沿工件棱角处分布，或者沿金属流线分布，形成过渡背景。

③鉴别方法：退磁后，用合适方法规范磁化，磁痕不再出现。

4)相关显示

相关显示是由缺陷产生的漏磁场吸附磁粉形成的磁痕显示，相关显示影响工件的使用性能。

按缺陷的形成时期，分为原材料缺陷，热加工、冷加工和使用后产生的缺陷以及电镀产生的缺陷。以下介绍磁粉检测常见缺陷产生的主要原因和磁痕特征。

(1)原材料缺陷磁痕显示。

原材料缺陷是指钢材冶炼在铸锭结晶时产生的缩管、气孔、金属和非金属夹杂物及钢锭上的裂纹等。在热加工处理(如锻造、铸造、焊接、轧制和热处理)和冷加工处理(如磨削、矫正)时，以及在使用后，这些原材料缺陷有可能被扩展或成为疲劳源，并产生新的缺陷，如夹杂物被轧制拉长成为发纹，在钢板中被轧制成为分层等。这些缺陷存在于工件内部，在机械加工后暴露在工件的表面和近表面时，才能被磁粉检测发现。

(2)热加工产生的缺陷。

所谓热加工缺陷，是指工件材料在锻造、轧制、铸造、焊接和热处理等工艺过程中所产生的缺陷。

①锻钢件缺陷。

锻造过程产生的缺陷主要包括锻造裂纹和锻造折叠。

A. 锻造裂纹：锻造裂纹产生的原因很多，属于锻造本身的原因有加热不当、操作不正确、终锻温度太低、冷却速度太快等。加热速度过快时，因热应力而产生裂纹；锻造温度等过低时，因金属塑性变差而导致撕裂。锻造裂纹一般都比较严重，具有尖锐的根部或边缘，磁痕浓密清晰，呈直线或弯曲线状。

B. 锻造折叠：锻造折叠是一部分金属被卷折或重叠在另一部分金属上，即金属间被紧紧挤压在一起但仍未熔合的区域，可发生在工件表面的任何部位，并与工件表面呈

一定的角度。产生原因如下:

(a)由于模具设计不合理,金属流动受阻,被挤压后形成折叠,多发生在倒角部位,磁痕呈纵向直线形。

(b)预锻时打击过猛,在滚光过程中嵌入金属,磁痕呈纵向弧形。

(c)锻件拔长过度,人型槽终锻时,两端金属向中间对挤形成横向折叠,多分布在金属流动较差的部位,磁痕不是直线形,多呈圆弧形。锻造折叠缺陷磁痕一般不浓密清晰,但在对表面打磨后,原磁痕处磁痕往往更加清晰。经金相解剖,折叠两侧有脱碳,与表面成一定角度。

C. 白点:白点是钢材在锻压或轧制加工时,在冷却过程中未逸出的氢原子聚集在显微空隙中并结合成分子状态,对钢材产生较大的内应力,再加上钢材在热压力加工中产生的变形力和冷却过程相变产生的组织应力的共同作用,导致钢材内部产生的局部撕裂。白点多为穿晶裂纹。在横向断口上表现为由内部向外辐射状不规则分布的小裂纹,在纵向断口上呈弯曲线状裂纹或银白色的圆形或椭圆形斑点,故叫白点。

白点的磁痕特征是:在横断面上,白点磁痕呈锯齿状或短的曲线状,中部粗,两头尖,呈辐射状分布;在纵向剖面上,磁痕沿轴向分布,呈弯曲状或分叉状,磁痕浓密清晰。

②轧制件缺陷磁痕显示。

A. 发纹:钢锭中的非金属夹杂物和气孔在轧制拉长时,随着金属变形伸长形成类似头发丝细小的缺陷称为发纹,它是钢中最常见的缺陷。发纹分布在工件截面的不同深度处,呈连续或断续的直线(锻件中的发纹沿金属流动方向分布,有直线和弯曲线状),长短不等,长者可达数十毫米,磁痕清晰而不浓密,两头是圆角,擦掉磁痕,目视发纹不可见。

B. 分层:分层是板材中的常见缺陷。如果钢中存在缩孔、疏松或密集的气泡,而在轧制时又没有熔合在一起,或钢锭内的非金属夹杂物,轧制时被轧扁,当钢板被剪切后,从侧面可发现金属分为两层,称为分层或夹层。分层的特点是与轧制面平行,磁痕清晰,呈连续或断续的线状。

C. 拉痕:由于模具表面粗糙度较大、残留有氧化皮或润滑条件不良等原因,在钢材通过轧制设备时,便会产生拉痕,也叫划痕。划痕呈直线沟状,肉眼可见到沟底,分布于钢材的局部或全长。宽而浅的拉痕磁粉检测时不吸附磁粉,但较深者会吸附磁粉。鉴别时,应转动工件观察磁痕,若沟底明亮,不吸附磁粉,即为划痕。

③铸钢件缺陷磁痕显示。

A. 铸造裂纹:金属液在铸型内凝固收缩过程中,表面和内部冷却速度不同,会产生很大的铸造应力,当该应力超过金属强度极限时,铸件便产生破裂。根据破裂时温度的高低又分为热裂纹和冷裂纹两种。热裂纹在 1 200 ~ 1 400 ℃高温下产生,并在最后凝固区或应力集中区出现,一般沿晶扩展,呈很浅的网状裂纹,亦称龟裂。其磁痕细密清晰,稍加打磨,裂纹即可排除。铸造冷裂纹在 200 ~ 400 ℃低温下产生。低温时由于铸钢的塑性变坏,在巨大的热应力和组织应力的共同作用下产生冷裂纹,一般分布在铸钢件截面尺寸突变的部位,如夹角、圆角、沟槽、凹角、缺口、孔的周围等部位。这种裂纹一般穿晶扩展,有一定的深度,一般为断续或连续的线条,两端有尖角,磁痕浓密清晰。

B. 疏松:疏松也是铸钢上的常见缺陷。它是由于金属液在冷却凝固收缩过程中得不到充分补缩,而形成的极细微的、不规则的分散或密集的孔穴。

疏松一般产生在铸钢件最后凝固的部位,例如冒口附近,局部过热或散热条件差的内壁、内凹角和补缩条件差的均匀壁面上。在加工后的铸钢件表面,才容易发现疏松。磁粉检测时,疏松缺陷磁痕一般涉及范围较大,呈点状或线状分布,两端不出现尖角,有一定深度,磁粉堆集比裂纹稀疏。

当改变磁化方向时,磁痕显示方向也明显改变。剖开铸件,在显微镜下观察可见到不连续的微孔。疏松一般不分布在应力集中区和截面急剧变化处,因该处的疏松在应力作用下易成裂纹(称为缩裂)。

C. 冷隔:铸造时,铸模内流动的两股金属溶液在冷却过程中被氧化皮隔开,不能完全融为一体,形成对接或搭接面上带圆角的缝隙,称为冷隔。该缝隙呈圆角或凹陷状,与裂纹完全不同。磁痕显示稀淡而不清晰。

D. 夹杂:铸造时,由于合金中熔渣未彻底清除干净,浇铸工艺或操作不当等原因,在铸件上会出现微小的熔渣或非金属夹杂物(如硫化物、氧化物、硅酸盐等),称为夹杂。夹杂在铸件上的位置不定,易出现在浇铸位置上方。磁痕呈分散的点状或弯曲的短线状。

E. 气孔:铸钢件的气孔是由于金属液在冷却凝固过程中气体未及时排出形成的孔穴。其磁痕呈圆形或椭圆形,宽而模糊,显示不太清晰,磁痕的浓密程度与气孔的深度有关,表面下气孔一般要使用直流电检测。

④焊接件缺陷磁痕显示。

A. 焊接裂纹:焊缝中原子结合遭到破坏,形成新的界面而产生的缝隙称为焊接裂纹。按裂纹的产生温度分为焊接热裂纹和焊接冷裂纹。

(a)焊接热裂纹:焊接热裂纹一般产生在 1 100 ~1 300 ℃高温范围内的焊缝熔化金属内,焊接完毕即出现,沿晶扩展,有纵向、横向或弧坑裂纹,露出工件表面的热裂纹断口有氧化色。热裂纹浅而细小,磁痕清晰而不浓密。

(b)焊接冷裂纹:焊接冷裂纹一般产生在 100 ~300 ℃低温范围内的热影响区(也有在焊缝区的)。特种设备常用的低合金高强度钢属于易淬火钢一类。在焊接过程中,若因措施不当使得焊缝中存在淬硬组织,或未严格按工艺要求进行焊接,使焊缝中有较高的氢含量或较大的焊接残余应力,则焊缝容易产生冷裂纹,其中延迟裂纹是一种常见形式。它不是焊后立即形成的,而是在焊后几小时或十几小时甚至几天后才出现的。冷裂纹可能沿晶开裂、穿晶开裂或两者混合出现,断口无氧化,颜色发亮。冷裂纹多数是纵向的,一般深而粗大,磁痕浓密清晰,容易引起脆断,危害极大。磁粉检测一般应安排在焊后 24 h 或 36 h 后进行。

对焊缝边缘的裂纹,常因与焊缝边缘下凹所聚集的磁粉相混而不易观察,当将凹面打磨平后还有磁粉堆积时,可作裂纹缺陷判断。

B. 未焊透:在焊接过程中,母材金属未熔化,焊缝金属没有进入接头根部的现象,称为未焊透。它是由于焊接电流小、母材未充分加热和焊根清理不良等原因产生的。磁粉检测只能发现特种设备上埋藏浅的未焊透,磁痕松散、较宽。

C. 气孔:焊缝上的气孔是焊接过程中气体在熔化金属冷却之前来不及逸出而保留在焊缝中的孔穴,多呈圆形或椭圆形。它是由于母材金属含气体过多、焊药潮湿等产生的。有的单独出现,有的成群出现,其磁痕显示与铸钢件气孔相同。

D. 夹渣:夹渣是焊接过程中熔池内未来得及浮出而残留在焊接金属内的焊渣。多呈点状(椭圆形)或粗短的条状,磁痕宽而不浓密。

⑤热处理缺陷磁痕显示。

A. 淬火裂纹:工件淬火冷却时产生的裂纹称为淬火裂纹,它是由于钢在高温快速冷却时产生的热应力和组织应力超过钢的抗拉强度而引起的开裂,所以一般都产生在工件的应力集中部位,如孔、键槽、尖角及截面突变处。淬火裂纹比较深,尾端尖,呈直线或弯曲线状,磁痕显示浓密清晰。

B. 渗碳裂纹:结构钢工件渗碳后冷却过快,在热应力和组织应力的作用下形成渗碳裂纹,其深度不超过渗碳层。磁痕呈线状、弧形或龟裂状,严重时造成块状剥落。

C. 表面淬火裂纹:为提高工件表面的耐磨性能,可进行高频、中频、工频电感应加热,使工件表面的很薄一层迅速加热到淬火温度,并立即喷水冷却进行淬火,在此过程中,由于加热或冷却不均匀而产生喷水应力裂纹。其磁痕呈网状或平行分布,面积一般较大,也有单个分布的。感应加热还容易在工件的油孔、键槽、凸轮桃尖、齿轮齿部产生热应力裂纹,该裂纹多呈辐射状或弧形,磁痕浓密清晰。

(3)冷加工产生的缺陷。

冷加工是指在常温下对工件加工,冷加工时可能产生磨削裂纹和矫正裂纹等。

①磨削裂纹。

工件进行磨削加工时,在工件表面产生的裂纹称为磨削裂纹。它是由于热处理和磨削不当等产生的。磨削裂纹方向一般与磨削方向垂直。由热处理不当产生的磨削裂纹有的呈网状、鱼鳞状、放射状或平行线状分布,渗碳表面产生的多为龟裂状。磨削裂纹一般比较浅,磁痕轮廓清晰,均匀而不浓密。

②矫正裂纹。

变形工件校直过程中产生的裂纹称为矫正裂纹或校正裂纹。校直过程施加的压力会使工件内部产生塑性变形,在应力集中处产生与受力方向垂直的矫正裂纹,裂纹中间粗,两头尖,呈直线形或微弯曲,一般单个出现,磁痕浓密清晰。有时在组合装配过程中,因工件受力太大而产生裂纹。

(4)使用后产生的缺陷。

工件在使用过程中如果反复受到交变应力的作用,则工件内原有的小缺陷、表面划伤、缺口和内部孔洞等都可能形成疲劳源,由此产生的疲劳裂缝称为疲劳裂纹。疲劳裂纹一般都出现在应力集中部位,其方向与受力方向垂直,中间粗,两头尖,磁痕浓密清晰。

(5)镀铬工件的缺陷。

工件材料在电镀时由于氢脆产生的裂纹称为脆性裂纹。脆性裂纹的磁痕特征是：一般不单个出现，而是大面积出现，呈曲折线状，纵横交错，磁痕浓密清晰。

5）显示评定

磁粉检测显示的解释就是确定所发现的显示是假显示、非相关显示还是相关显示；显示的评定就是对材料或工件的相关显示进行分析，按照既定的验收标准确定工件验收，还是拒收。

磁粉检测的质量评定按《承压设备无损检测 第4部分：磁粉检测》（JB/T 4730.4—2005）中的相关要求进行。

（四）渗透探伤

渗透探伤是以物理学中液体对固体的润湿能力和毛细现象为基础，先将含有染料且具有高渗透能力的液体渗透剂，涂敷到被检工件表面，由于液体的润湿作用和毛细作用，渗透液便渗入表面开口缺陷中，然后去除表面多余渗透剂，再涂一层吸附力很强的显像剂，将缺陷中的渗透剂吸附到工件表面上来，在显示剂上便显示出缺陷的痕迹，通过痕迹的观察，对缺陷进行评定。

渗透探伤作为一种表面缺陷探伤方法，可以应用于金属和非金属材料的探伤，例如钢铁材料、有色金属、陶瓷材料和塑料等表面开口缺陷都可以采用渗透探伤进行检验。形状复杂的部件采用一次渗透探伤可做到全面检验。渗透探伤不需要大型的设备，操作简单，尤其适用于现场各种部件表面开口缺陷的检测，例如，坡口表面、焊缝表面、焊接过程中焊道表面、热处理和压力试验后的表面都可以采用渗透探伤方法进行检验。

1. 渗透探伤的优点及适用范围

1）优点

渗透探伤操作简单，不需要复杂设备，费用低廉，缺陷显示直观，具有相当高的灵敏度，能发现宽1 μm以下的缺陷。这种方法由于检验对象不受材料组织结构和化学成分的限制，因而广泛应用于黑色和有色金属锻件、铸件、焊接件、机加工件以及陶瓷、玻璃、塑料等表面缺陷的检查。它能检查出裂纹、冷隔、夹渣、疏松、折叠、气孔等缺陷，但对于结构疏松的粉末冶金零件及其他多孔性材料不适用。

2）适用范围

（1）可以检查金属和非金属零件或材料的表面开口缺陷。

（2）渗透探伤不受受检零件化学成分、结构、形状及大小的限制。

（3）不适用于：

①检查表面是吸收性的零件或材料，例如粉末冶金零件；

②检查因外来因素造成开口被堵塞的缺陷，例如零件经喷丸或喷砂，则可能堵塞表面缺陷的开口；

③对于会因为试验使用的各种探伤材料而受腐蚀或有其他影响的材料也不能适用。

2. 检测步骤

渗透探伤试验的基本操作由表面准备和预清理、渗透处理、清洗处理（或去除处理）、干燥处理、显像处理、检验处理等构成。

1）表面准备和预清理

对于任何渗透探伤试验来说，将渗透液渗透到试验体表面开口的缺陷中的处理都是最重要的操作。但是，尽管缺陷表面有开口，由于缺陷中垃圾、油脂类塞在里面，渗透液就不可能充分渗透到缺陷中去，因此必须事先除去缺陷内部或表面的妨碍渗透液渗透的物质。尤其是快进行试验之前进行的前处理，主要以除去试验面上的油脂为目的。在将洗涤剂喷上去之后，要用抹布将含有油脂的溶剂擦干净，使表面干燥。一般渗透探伤工艺方法标准规定：渗透检测准备工作范围应从检测部位四周向外扩展 25 mm。清除污物的方法：机械方法、化学方法（酸、碱洗）、溶剂去除方法。

2）渗透

渗透液施加方法：喷涂、刷涂、浇涂。浸涂渗透时间是指施加渗透液到开始乳化处理或清洗处理之间的时间，包括排液所需的时间。渗透时间根据材质、温度、渗透液的特点及作为试验对象的缺陷的种类而不同。一般渗透探伤工艺方法标准规定：在 15 ~ 50 ℃的温度条件下，施加渗透液的渗透时间一般不少于 10 min，温度越低，放置时间就越长。应力腐蚀裂纹特别细微，渗透时间需更长，甚至长达 4 h。

（1）渗透温度一般控制在 15 ~ 50 ℃，温度太高，渗透液容易干在零件上，影响渗透，并给清洗带来困难；温度太低，渗透液变稠，渗透速度受影响。

（2）温度低于 15 ℃条件下渗透探伤方法的鉴定应用铝合金淬火试块做对比试验，对操作方法进行修正。

（3）温度高于 50 ℃条件下渗透探伤方法的鉴定应用铝合金淬火试块做对比试验，对操作方法进行修正。

3）去除

要求：从零件表面上去除掉所有的渗透液，又不将已渗入缺陷中的渗透液清洗出来。方法：对水洗型渗透液，直接用水去除；对后乳化型渗透液，先乳化，再用水去除溶剂；对去除型渗透液，用有机溶剂擦除。注意，去除或擦除渗透液时，要防止过清洗或过乳化；同时，为取得较高灵敏度，应使荧光背景或着色底色保持在一定的水准上。但应防止欠洗，防止荧光背景过浓或着色底色过浓。出现欠洗时，应采取适当措施，增加清洗去除次数，使荧光背景或着色背景降低到允许水准上；出现过乳化过清洗时，必须进行重复处理。

（1）水洗型渗透液可用水喷法清洗，一般渗透探伤工艺方法标准规定：水喷法的水压不得大于 0.35 MPa，水温不超过 40 ℃。水洗型荧光液用水喷法清洗时，应由下而上进行，以避免留下一层难以去除的荧光薄膜。水洗型渗透液中含有乳化剂，所以水洗时间长，水洗压力高，水洗温度高，都有可能把缺陷中的渗透液清洗掉，产生过清洗。喷洗时，应使用粗水柱，喷头距离零件 300 mm 左右。

（2）后乳化型渗透液的去除方法因乳化剂不同而不同。施加亲水型乳化剂的操作方法是先用水预清洗，然后乳化，最后再用水冲洗。施加乳化剂时，只能用浸涂、浇涂或喷涂，不能用刷涂，因为刷涂不均匀。施加亲油型乳化剂的操作方法是直接用乳化剂乳化，然后用水冲洗。施加乳化剂时，只能用浸涂、浇涂，不能用刷涂或喷涂，而且不能在零件上搅动。一般渗透探伤工艺方法标准规定：油基乳化剂的乳化时间在 2 min 之内，水基乳化剂的乳化时间在 5 min 之内。

(3)溶剂去除型渗透液的去除方法是先用干布擦，然后再用蘸有有机溶剂的布擦；不允许用有机溶剂冲洗，因为流动的有机溶剂会冲掉缺陷中的渗透液，布和毛巾也不允许蘸过多的溶剂。

4)干燥

溶剂去除法渗透探伤时，不必进行专门的干燥处理，应自然干燥，不得加热干燥。用水清洗的零件，采用干粉显像或非水基湿式显像时，零件在显像前必须进行干燥处理；如采用水基湿式显像，水洗后直接显像，然后进行干燥处理。干燥方法：干净布擦干、压缩空气吹干、热风吹干、热空气循环烘干。干燥温度不能太高，干燥时间不能太长，否则会将缺陷中渗透液烘干，不能形成缺陷显示，过度干燥还会造成渗透液中染料变质。一般规定：金属零件干燥温度不宜超过 80 ℃，塑料零件通常用 40 ℃以下的温风吹干。干燥时间越短越好，一般规定不宜超过 10 min。一般渗透探伤工艺方法标准规定：干燥时被检面的温度不得大于 50 ℃，干燥时间 5～10 min。

5)显像

显像的过程是用显像剂将缺陷处的渗透液吸附至零件表面，产生清晰可见的缺陷图像。显像时间不能太长，显像剂不能太厚，否则缺陷显示会变模糊。渗透探伤工艺方法标准规定：显像时间一般不应少于 7 min，显像剂厚 0.05～0.07 mm。干粉显像主要用于荧光渗透探伤法。非水基湿式显像主要采用压力喷罐喷涂。喷涂前应摇动喷罐中的弹子，使显像剂重新悬浮且固体粉末重新呈细微颗粒均匀分散状。喷涂时要预先调节好，调节到边喷边形成显像剂薄膜的程度。非水基湿式显像有时也采用刷涂或浸涂，浸涂要迅速，刷涂要干净，一个部位不允许往复刷涂几次。水基湿式显像可采用喷涂、浸涂或浇涂，多数采用浸涂。涂复后进行滴落，然后在热空气循环烘干装置中烘干。干燥过程就是显像过程，为防止显像粉末的沉淀，显像时，要不定时地进行搅拌。零件在滴落和干燥期间，零件位置放置应合适，以确保显像剂不在某些部位形成过厚的显像剂层，并因此可能掩盖缺陷显示。溶剂悬浮显像剂中含有常温下易挥发的有机溶剂，有机溶剂在显像表面上迅速挥发，能大量吸热，使吸附作用加强，显像灵敏度得到提高。所以，就着色渗透探伤而言，优先选用溶剂悬浮湿式显像剂，然后是水悬浮湿式显像剂，最后考虑干粉显像剂。用喷涂法施加显像剂时，喷涂装置应与被检表面保持一定的距离(200～300 mm)，使显像剂在到达零件表面时几乎是干的，避免过近而造成流淌或局部显像剂覆盖层过厚。

6)检验

着色检验在白光下进行，荧光检验在暗室里进行。一般渗透探伤工艺方法标准规定：观测显示痕迹应在显像剂施加后 7～30 min 内进行，如果显示痕迹的大小不发生变化，也可超过上述时间。辨别真假缺陷：用干净的布或棉球蘸一点酒精，擦拭显示部位，如果被擦去的是真实缺陷显示，擦试后喷一点显像剂后能再现；如果不重现，一般是虚假显示。当出现下列情况之一时，需进行复验：

(1)检查结束时，用对比试块验证渗透探伤剂已经失效；

(2)发现检测过程中操作方法有误；

(3)供需双方有争议或认为有其他需要时；

(4)经返修后的部位。

需要重复检查时，必须进行后清洗，以去掉缺陷内残余渗透探伤液。可用蒸汽除油或将零件加热到150 ℃左右。不允许用着色渗透探伤法进行重复检查。着色渗透探伤法检查后的零件不允许重复检查，因为着色渗透探伤液很难从缺陷里面去除干净，它们会干在缺陷内，阻碍渗透液的再次渗入。

7)后清洗

所谓后清洗，就是检验结束之后，为了防止腐蚀试块表面而进行的除去显像剂与残留的渗透液的处理。后清洗的目的是：保证渗透探伤后，不发生对受检件的损害或危害，并且去除任何影响后续处理的残余物。例如，显像剂层会吸收或容纳促进腐蚀的潮气，可能造成腐蚀，并且影响如阳极化处理等后续处理。

后清洗操作：

(1)干式显像剂可粘在湿渗透液或其他液体物质的地方，或滞留在缝隙中，可用普通自来水冲洗，也可用压缩空气等方法去除。

(2)水基湿式显像剂的去除比较困难。因为该类显像剂经过80 ℃左右干燥后黏附在受检件表面，故去除的最好方法是用加有洗涤剂的热水喷洗，有一定压力喷洗效果更好，然后用手工擦洗或用水漂洗。

(3)水溶性显像剂用普通自来水冲洗即可去除，因为该类显像剂可溶于水中。

(4)溶剂悬浮显像剂的去除，可先用湿毛巾擦，然后用干布擦，也可直接用清洁干布或硬毛刷擦；对于螺纹、裂缝或表面凹陷，可用加有洗涤剂的热水喷洗，超声清洗效果更好。

(5)采用后乳化渗透探伤法时，如果零件数量很少，则运用乳化剂乳化，而后用水冲洗的方法去除显像剂涂层及滞留的渗透液残留物。

(6)碳钢渗透探伤后清洗时，水中应添加硝酸钠或铬酸钠化合物等防锈剂，清洗后还应用防锈油防锈。

(7)镁合金材料也很容易腐蚀，渗透探伤后清洗时，常需要铬酸钠溶液处理。

(五)衍射时差法超声检测(TOFD)

TOFD技术(Time of Flight Diffraction Technique)是一种基于衍射信号实施检测的技术，即衍射时差法超声检测技术。不同于以往的脉冲反射法和声波穿透法等技术，它利用在固体中声速最快的纵波在缺陷端部产生的衍射来进行检测。在焊缝两侧，将一对频率相同的纵波斜探头相向对称放置(入射角的范围通常是45°～70°)，一个作为发射探头，另一个作为接收探头。发射探头发射的纵波从侧面入射到被检焊缝断面，在无缺陷部位，接收探头会接收到沿工件表面传播的直通波和底面反射波，当有缺陷存在时，在上述两波之间，接收探头会接收到缺陷上端部和下端部的衍射波。

TOFD 技术与传统脉冲回波技术的最主要的两个区别在于：更加精确的尺寸测量精度（一般为 ±1 mm，监测状态时为 ±0.3 mm），检测时与缺陷的角度几乎无关。尺寸测量基于衍射信号的传播时间，而不依赖于波幅；TOFD 技术不使用简单的波幅值作为报告缺陷与否的标准。由于衍射信号的波幅并不依赖于缺陷尺寸，在任何缺陷可能被判不合格之前所有数据必须经过分析，因此培训和经验对 TOFD 技术的应用最为基本的要求。

1. TOFD 技术应用原理简介

1）衍射现象

衍射是波在传输过程中与传播介质的交界面发生作用而产生的一种有别于反射的物理现象。当超声波与有一定长度的裂纹缺陷发生作用时，在裂纹两尖端将会发生衍射现象。缺陷端点越尖锐，则衍射现象越明显；反之，端点越圆滑，衍射越不明显。

2）衍射信号波幅变化

衍射波波幅在不同的探头折射角度下随角度变化，将 TOFD 探头放在垂直于试件的表面的裂纹两侧，等距离放置，分别用来发送和接收信号，并且确保探头的角度能够同时产生和收到缺陷上端点和下端点的衍射信号。当折射角度为 65°时，上下尖端的衍射信号波幅均为最大。其中，下尖端信号在 38°时，波幅下降很大，而在 20°时，又出现上升。而在 45°～80°，上下尖端衍射信号波幅均成规律性变化，而且下尖端衍射信号要略高于上尖端信号，但是变化幅度不超过 6 dB。因此，TOFD 技术探头通常在 45°～70°，避开了 38°这一不利角度。

3）TOFD 技术应用的基本知识

在 TOFD 技术应用中，双探头扫查系统可以说是 TOFD 技术的基本配置和特征之一。在 TOFD 检测中不使用横波，而选择使用纵波，其主要目的也是避免回波信号难以识别的困难。

TOFD 扫查时的 A 扫波通常包括直通波、缺陷信号、底面反射波、波形转换信号以及底面横波信号。

A 扫波的相位关系：图 2-12 为包含直通波及底波信号的 A 扫记录。高阻抗介质中的波在与低阻抗介质界面处反射，会产生 180°的相位变化（如钢到水或钢到空气）。这意味着如果到达界面之前波形以正循环开始，在到达界面之后它将以负循环开始。

当存在缺陷时，将出现如图 2-13 所示情形。缺陷顶端的信号类似底面反射信号，存在 180°相位变化，即相位像底波一样从负周期开始。然而，缺陷底部波信号如同绕过底部没有发生相变，相位如直通波，以正周期开始。理论研究表明，如果两个衍射信号具有相反的相位，它们之间必定存在连续的裂纹，而且只在少数情况下上下衍射信号不存在 180°相位变化，大多数情况下，它们都存在着相位变化。因此，对于特征信号和更精确的尺寸测量，相位变化的识别是非常重要的。例如，试样中存在两个夹渣而不是一个裂纹时，可能出现两个信号。在这种情况下信号没有相变。夹渣和气孔通常太小，

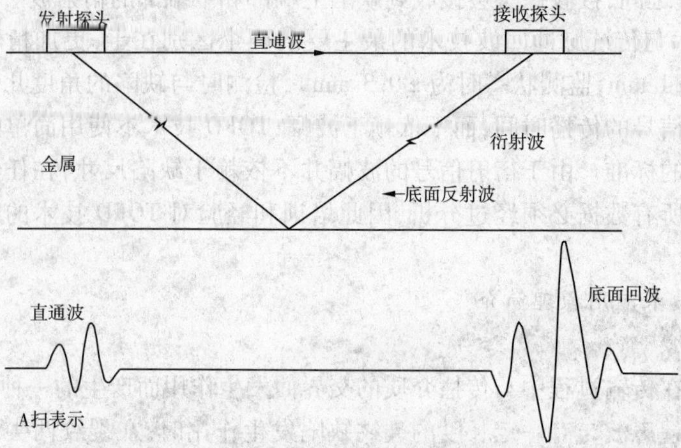

图 2-12　A 扫记录

一般不会产生单独的顶部和底部信号。信号可观察到的周期数很大程度上取决于信号的波幅,但相位往往难以识别。对于底面回波更是如此,由于饱和无法测出相位。在这种情况下,首先将探头放置在被测试样或校准试块上,调低增益,使底面回波或其他难以识别相位的信号调整到像缺陷信号一样具有相同的屏高,然后增大增益,记录信号如何随相位变化。这种变化往往集中在两三个周期中。

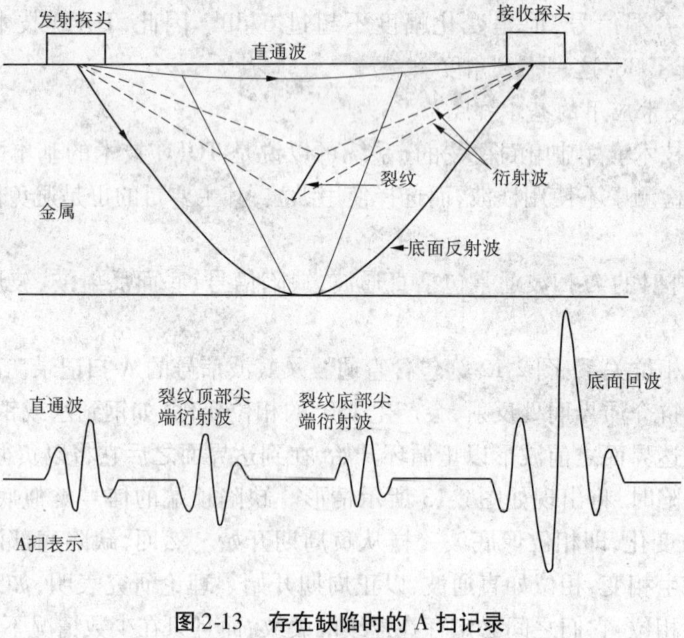

图 2-13　存在缺陷时的 A 扫记录

4) 信号处理与分析方法

信号处理与分析方法包括信号平均、图像拉直、去除直通波。

5）抛物线拟合指针

在扫查图像的分析和处理中，抛物线指针主要用于缺陷的定位和定量。

A 扫有一个很大的缺陷，就是信号的识别性不好。而 TOFD 技术通过连续的扫查将大量的 A 扫信号集中起来组成连续的一幅图像，因此在 TOFD 扫查结果中，不管是 B 扫还是 D 扫，缺陷的识别都比在 A 扫中容易得多。

在 TOFD 扫查图像中，由于声束的衍射、扩散等，缺陷会呈现特殊的形状，但是只要掌握 TOFD 信号显示的特点和规律，对于缺陷的识别是不难的。只是在 TOFD 图像的识别中，测量信号的深度和缺陷的尺寸都需要借助特别的工具——抛物线指针，用来与缺陷的特征弧线进行拟合，这样才可以保证缺陷位置、高度和长度的测量准确性。

在 TOFD 扫查过程中，由于缺陷衍射信号的传输时间随着探头位置的变化而变化，所以不管是 B 扫还是 D 扫，无论是点状缺陷还是线性缺陷，缺陷的端点都会形成一个 TOFD 技术特有的、向下弯曲的特征弧形。通过调校后的抛物线可以很好地拟合起来。

6）对比试块

对比试块也可称为参考试块，是指用于 TOFD 检测校准的试块。TOFD 检测校准通常包括两项内容：增益校准和扫查分区校准。

对比试块的一般要求如下：

（1）对比试块应该采用与被测工件声学性能相同或者相似的材料制成，其外形尺寸应能代表工件的特征和满足扫查装置的扫查要求，试块厚度应与工件厚度相对应。

（2）检测曲面工件的焊缝时，应选择与工件有相近曲率的试块。

7）TOFD 技术的优点和局限性

TOFD 技术的优点如下：

（1）可靠性好，由于利用的是波的衍射信号，不受声束角度的影响，缺陷的检出率比较高。

（2）定量精度高。

（3）检测过程方便快捷。一般一人就可以完成 TOFD 检测，探头只需要沿焊缝两侧移动即可。

（4）拥有清晰可靠的 TOFD 扫查图像，与 A 扫信号相比，TOFD 扫查图像更利于缺陷的识别和分析。

（5）TOFD 检测使用的都是高性能数字化仪器，记录信号的能力强，可以全程记录扫查信号，而且扫查记录可以长久保存并进行处理。

（6）除用于检测外，还可用于缺陷变化的监控，尤其对裂纹高度扩展的测量精度很高。

TOFD 技术的局限性如下：

（1）对近表面缺陷检测的可靠性不够。

（2）上表面缺陷信号可能被埋藏在直通波下面而被漏检，而下表面缺陷信号则会因为被底面反射波信号掩盖而漏检。

(3)缺陷定性比较困难,TOFD 图像的识别和判读比较难,需要丰富的经验。

(4)不容易检出横向缺陷。

(5)复杂形状的缺陷检测比较难。

(6)点状缺陷的尺寸测量不够精确。

2. TOFD 的检测工艺

1)探头的一般要求

与常规脉冲反射技术使用的超声探头不同,TOFD 技术所使用的探头不要求小的扩散角和好的声束方向性。恰恰相反,由于 TOFD 检测利用的是波的衍射,在实际探测中,衍射信号与反射信号相比方向性弱得多,所以在做 TOFD 检测中往往使用小尺寸的晶片、大扩散角的探头,以利于衍射信号的捕捉。

2)扫查方式和信号测量

(1)扫查方式的选择。

执行 TOFD 检查的最常见的方式为非平行扫查。这种扫查方式,探头的移动方向是沿着焊缝方向,垂直于声束的方向。它适用于焊缝的快速检测,而且常常在单一通道时使用(见图 2-14)。非平行扫查的结果称为 D 扫(D－Scan),它显示的图像是沿着焊缝中心剖开的截面。由于两个探头置于焊缝的两侧,焊缝余高不影响扫查,这种扫查方式效率高,速度快,成本低,操作方便,只需一个人便可以完成。

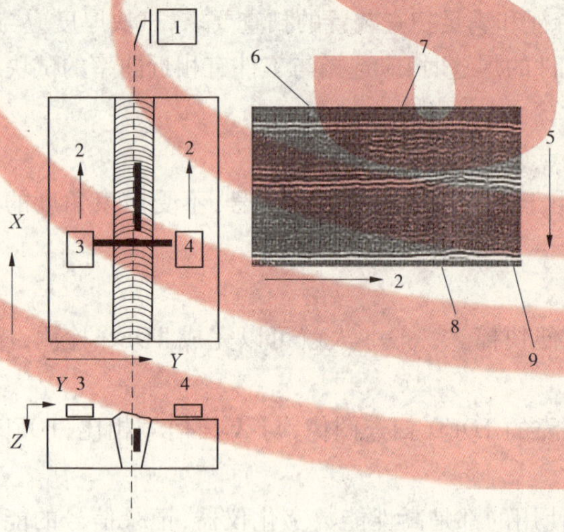

1—参考线;2—探头移动方向;3—发射器;4—接收器;5—传播时间;
6—直通波;7—缺陷上端点信号;8—缺陷下端点信号;9—底面反射波

图 2-14　非平行扫查

为详细分析检测结果,有时必须进行所谓平行扫查。平行扫查时,将探头放置在检测的指定位置,在探头声束的平面内移动探头。这通常是指垂直于焊缝中心线移动探头,如图 2-15 所示。平行扫查的结果称为 B 扫(B－Scan),它显示的图像是跨越焊缝的横截面。在这种扫查方式中，焊缝的余高会明显阻碍探头的移动，从而降低扫查效率。因此，大多数情况下都将焊缝的余高磨平之后再进行扫查。这种扫查方式会在非平行扫查无法得出令人满意的结果时作为补充。

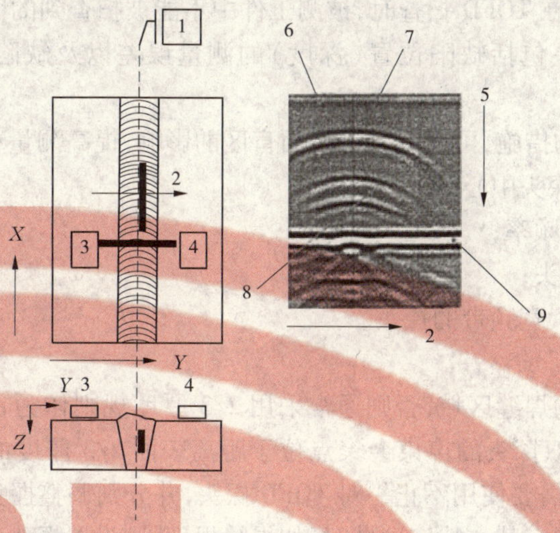

1—参考线；2—探头移动方向；3—发射器；4—接收器；5—传播时间；
6—直通波；7—缺陷上端信号；8—缺陷下端信号；9—底面反射波

图 2-15　平行扫查

现在假设平板焊缝中有一个具有一定长度和高度的未熔合缺陷，则不同的 TOFD 扫查方式得到的缺陷衍射信号会有明显不同。在非平行扫查的 D 扫中，可以得到缺陷的长度信息。而平行扫查时，声束并没有扫过缺陷的全长，因此在 B 扫显示中没有缺陷长度的信息，但是可以得到更精确的缺陷高度数据以及缺陷距离焊缝中心的距离。

无论是在平行扫查还是在非平行扫查的图形中，缺陷的两端都显示出弧形形状。其原因是缺陷在焊缝中线或两探头连接线中点时声程路径最短，而在离开中线时声程路径又变长。因此，需要特殊的测量工具弧形光标来拟合缺陷端点的弧形，以便得出比较精确的缺陷相关数据。

(2)信号的位置测量。

在 TOFD 技术中，通常采用光标对信号位置或信号传输时间进行测量。所用的光标工具有两种：一种是十字光标，用来测量 A 扫信号中的数据；另一种是抛物线光标，用于从 D 扫图中测量数据。

对于平板焊缝之类几何形状比较简单的工件，信号位置的测量通常包括三个参数：距离检测面的深度(Z)、平行焊缝方向上距离扫查起始点的距离(X)，以及垂直焊缝方向的横向距离(Y)。为保证测量的准确性，在非平行扫查中，需要确定扫查的起始点和扫查的基准线。所谓扫查的基准线，就是在被检测表面作一条平行于焊缝的线，在扫查过程中始终保持探头的入射点到该线的距离保持不变。使用非平行扫查无法得到信号的横向距离(Y)，需要的话，应该进行平行扫查。

3) TOFD 技术盲区和扫查误差

在进行 TOFD 技术扫查时，扫查的结果经常会受到盲区和一些误差的影响，这也是在扫查过程中要特别注意的问题。

所谓盲区，是指在 TOFD 扫查时，被测工件中不能被扫查到的区域。

缺陷测量的误差包括缺陷位置（深度）的测量误差以及缺陷高度和长度的测量误差。

通过采用下面的措施，可以减小近表面盲区的影响，提高测量精度：

(1) 减小 PCS（探头中心距）；

(2) 增加数字化频率；

(3) 使用高频探头；

(4) 使用短脉冲、宽频带的探头。

4) PCS 的设定

除非指定特定的焊缝区域，否则通常采用 2/3 厚度规则作为首次检查的探头中心距（PCS）的设置，即双探头的声束会聚点位于距离表面 2/3 厚度的深度处。在试样检测中覆盖区不够时，需要使用不止一对 TOFD 探头，并分别调整探头中心距来优化每对探头的覆盖区。当指定某一特定区域时，如焊缝根部，则设置探头中心距聚焦在该特定深度。如果工件厚度是 D，探头楔块角度为 θ，对于 2/3 厚度的标准情况，探头中心距应按以下公式计算：

$$2s = 4/3D\tan\theta$$

当聚焦深度要求为 d 时，探头中心距可由下式求出：

$$2s = 2d\tan\theta$$

5) 增益设定

虽然 TOFD 技术不依据波幅来进行缺陷检测，但波幅仍然是很重要的，所以检测时需要设置适当的增益。如果增益设置过低，容易造成缺陷衍射波信号太弱，不利于缺陷的检测；如果增益设置过高，也会影响 TOFD 扫查图像的观察和信号的识别测量等。

在被测工件上进行灵敏度设置，有三种方法可供选择。第一种是采用直通波设置灵敏度，即将直通波的波幅设定为满屏高度的 40% ~80%。第二种是在无法使用直通波设置灵敏度（例如由于工件表面的结构会阻碍直通波，或者由于所用的探头的波束折射角较小，导致直通波比较微弱）的情况下，选择使用底面回波来进行灵敏度设置，即将底面回波信号的幅度设定为满屏高度，再增益 18 ~30 dB。第三种是在既不适合使用直通波也不适合使用底面反射波来设置灵敏度的情况下，选择使用晶粒噪声设置灵敏度，也就是将材料晶粒造成的噪声信号（杂波）设定在满屏高度的 5% ~10%。

对厚度小于 50 mm 的工件，一般采用一对探头进行检测。这时可直接在被测工件上进行灵敏度设置。

对于厚度大于 50 mm 的工件，一般需要采用几对探头进行检测。这时需要对不同的扫查区间进行灵敏度设置。可以从上面三种方法中选择最适当的方法对被测工件进行灵敏度设置。但是在灵敏度设置完后，应该在参考试块上验证或校准所设置的灵敏度。

利用人工反射体设置灵敏度,可选择尖角槽或侧孔进行,其中上表面开口的尖角槽可以很好地模拟疲劳裂纹的尖端,而侧孔的优势在于加工方便。

6)TOFD 仪器的检测步骤

打开 TOFD 操作主机,在仪器开机界面点击“设置”—“编码器”—“编码器设置”—“新增”,进入编码器校正界面,在校正编码器过程中误差要小于 1%,校正完成后点击“确认”,输入编码器名称后再点击“保存”,编码器校正完成;再返回到开机界面点击“检测”,进入参数设置界面对基础参数、激发参数、接收参数、测量参数进行相应的设置;参数设置好后,测定探头的延时与楔块的前沿距离;测定好探头延时及楔块前沿距离之后,计算出此对探头的 PCS,得出对应的探头间距,将探头安装到扫查器上,并连线;调节相关参数,进行时间窗口及灵敏度设置;进入到扫查界面,对各项参数进行设置。设置完成后点击“开始”,进行扫查。扫查过程中遇耦合不好,或图像记录不清晰时,可倒回编码器,覆盖扫查,图像与编码器同步进行覆盖成像。扫查完成后,按“停止”键,再按“保存”键保存检测数据。

3. 数据判读

把在现场采集到的数据转移到计算机上,然后用厂家提供的专用软件进行数据分析和处理。

TOFD 检测可以发现的缺陷分为表面开口缺陷和埋藏缺陷两大类。

表面开口缺陷可分为上表面开口缺陷、下表面开口缺陷、贯穿性缺陷。

埋藏缺陷可以分为点状缺陷、没有自身高度的缺陷、有自身高度的缺陷。

4. 评定

依据《水电水利工程金属结构及设备焊接接头衍射时差法超声检测》(DL/T 330—2010)进行评定。

每种探伤方法都有各自的适用范围,实际检测时,要根据检测目的,有针对性地选择最合适的探伤方法。为了提高缺陷的检出精度,必要时可以多种探伤方法并用。

焊缝内部缺陷探伤可在射线探伤或超声波探伤中任选一种。表面裂纹检查可选用渗透或磁粉探伤。

无论采用何种方法,均需符合以下规定:

(1)焊缝无损探伤长度占全长的百分比,闸门及启闭机不少于表 2-11 的规定,压力钢管不少于表 2-12 的规定。如设计文件另有规定,则按设计文件规定执行。

表 2-11 闸门及启闭机焊缝无损探伤长度占全长百分比

钢种	板厚(mm)	射线探伤(%)		超声波探伤(%)	
		一类	二类	一类	二类
碳素钢	<38	15	10	50	30
	≥38	20	10	100	50

续表 2-11

钢种	板厚(mm)	射线探伤(%)		超声波探伤(%)	
		一类	二类	一类	二类
低合金钢	<32	20	10	50	30
	≥32	25	10	100	50

注:局部探伤部位应包括全部丁字缝及每个焊工所焊焊缝的一部分。

表 2-12 压力钢管焊缝无损探伤长度占全长百分比

钢种	射线探伤(%)		超声波探伤(%)	
	一类	二类	一类	二类
碳素钢和低合金钢	25	10	100	50
高强钢 不锈钢 不锈钢复合钢板	40	20	100	100

注:(1)钢管一类焊缝,用超声波探伤时,根据需要可使用射线探伤复检。

(2)探伤部位应包括全部T形焊缝及每一个焊工所焊焊缝的一部分。

(2)射线探伤按GB/T 3323标准评定,检验等级(分A、B二级)压力钢管为B,钢闸门为A、B级;一类焊缝不低于Ⅱ级合格,二类焊缝不低于Ⅲ级合格(焊接接头质量分为Ⅰ、Ⅱ、Ⅲ、Ⅳ四个等级)。超声波探伤按GB/T 11345标准评定,检验等级(分A、B、C三级)可选作B级,一类焊缝Ⅰ级为合格,二类焊缝Ⅱ级为合格(缺陷评定分为Ⅰ、Ⅱ、Ⅲ、Ⅳ四个等级)。焊缝表面磁粉探伤或渗透探伤质量评定分别按JB/T 6061和JB/T 6062标准执行。

(3)焊缝局部无损探伤如发现有不允许缺陷,应在其延伸方向或可疑部位作补充检查;如补充检查不合格,则应对该条焊缝进行全部检查。

(4)对有延迟裂纹倾向的钢材无损探伤应在焊接完成24 h以后进行;对压力钢管抗拉强度下限值R_m≥800 N/mm^{2}的高强钢,无损探伤应在焊接完成48 h以后进行。

(5)单面焊且无垫板的对接焊缝,根部未焊透深度不应大于板厚的10%,最大不超过2 mm,但长度不大于该焊缝长度的15%(针对钢闸门)。

(6)板材的组合焊缝,如设计无特殊焊透要求,腹板与翼缘板的未焊透深度不应大于板厚的25%,最大不超过4 mm(针对钢闸门)。

(7)由大厚度板材组成的一类、二类角型焊缝或组合焊缝,应增加焊缝表面的检测(针对钢闸门)。

三、焊缝返修与处理

(1)发现焊缝有不允许的缺陷时,应进行分析,并找出原因,制定返修工艺后方可返修处理。

(2)焊缝缺陷应根据钢材种类选用碳弧气刨、砂轮或其他机械方法进行清理,并用砂轮修磨成便于焊接的坡口;但不允许用电弧或气割火焰熔除。返修前要认真检查,如缺陷为裂纹,则应用磁粉或渗透探伤,确认裂纹已经消除,方可返修。

(3)焊缝同一部位的返修次数不宜超过两次。返修超过两次时,应查明原因,制定可靠的返修工艺措施。返修后的焊缝,应进行探伤检查。

(4)在母材上严禁有电弧擦伤,如有擦伤,应用砂轮将擦伤处作打磨处理,并检查有无微裂纹。

第三章 防腐蚀质量检验

金属腐蚀是破坏性的，对水工金属结构（包括钢闸门、拦污栅、启闭机、压力钢管、清污机以及过坝通航金属结构等）所造成的损失也是惊人的。水工金属结构的防腐蚀质量直接关系到结构的使用寿命、维护周期和工程造价。

防腐蚀质量检验主要标准及规范主要有：

（1）《水工金属结构防腐蚀规范》（SL 105）。

（2）《涂覆涂料前钢材表面处理 表面清洁度的目视评定 第1部分：未涂覆过的钢材表面和全面清除原有涂层后的钢材表面的锈蚀等级和处理等级》（GB/T 8923.1）。

（3）《涂覆涂料前钢材表面处理 表面清洁度的目视评定 第2部分：已涂覆过的钢材表面局部清除原有涂层后的处理等级》（GB/T 8923.2）。

（4）《涂覆涂料前钢材表面处理 表面清洁度的目视评定 第3部分：焊缝、边缘和其他区域的表面缺陷的处理等级》（GB/T 8923.3）。

（5）《涂覆涂料前钢材表面处理 表面清洁度的目视评定 第4部分：与高压水喷射处理有关的初始表面状态、处理等级和闪锈等级》（GB/T 8923.4）。

（6）《涂覆涂料前钢材表面处理 喷射清理后的钢材表面粗糙度特性 第1部分：用于评定喷射清理后钢材表面粗糙度的ISO表面粗糙度比较样块的技术要求和定义》（GB/T 13288.1）。

（7）《涂覆涂料前钢材表面处理 喷射清理后的钢材表面粗糙度特性 第2部分：磨料喷射清理后钢材表面粗糙度等级的测定方法 比较样块法》（GB/T 13288.2）。

（8）《涂覆涂料前钢材表面处理 喷射清理后的钢材表面粗糙度特性 第3部分：ISO表面粗糙度比较样块的校准和表面粗糙度的测定方法 显微镜调焦法》（GB/T 13288.3）。

（9）《涂覆涂料前钢材表面处理 喷射清理后的钢材表面粗糙度特性 第4部分：ISO表面粗糙度比较样块的校准和表面粗糙度的测定方法 触针法》（GB/T 13288.4）。

（10）《涂覆涂料前钢材表面处理 喷射清理后的钢材表面粗糙度特性 第5部分：表面粗糙度的测定方法 复制带法》（GB/T 13288.5）。

（11）《色漆和清漆 漆膜的划格试验》（GB/T 9286）。

（12）《热喷涂金属和其他无机覆盖层 锌、铝及其合金》（GB/T 9793）。

（13）《牺牲阳极电化学性能试验方法》（GB/T 17848）。

（14）《水利水电工程金属结构设备防腐蚀技术规程》（DL/T 5358）。

（15）《钢结构工程施工质量验收规范》（GB 50205）。

第一节 表面预处理质量检验

防腐蚀涂层的有效寿命与基体金属表面的预处理质量、涂层厚度、涂料组成以及涂装工艺等各种因素有关。在影响涂层寿命的各种因素中，基体金属表面预处理质量对提高涂层的有效寿命尤为重要。因此，水工金属结构在涂装之前必须进行表面预处理。

表面预处理是指喷涂前对基体待喷涂部位的表面进行净化、粗化等以形成所希望的或规定的表面状态而进行的工作，又称前处理。

表面预处理前，应将金属结构表面整修完毕，并将金属表面的焊渣、飞溅物、铁锈、氧化皮、积水、油污等附着物清除干净。

表面预处理施工环境必须满足下列条件：

(1)空气相对湿度低于85%；

(2)基体金属表面温度不低于大气露点以上3 ℃(压力钢管还规定环境温度不应低于5 ℃)。在不利气候条件下，应采取遮盖、采暖或输入净化干燥空气等措施，以满足施工环境要求。

水工金属结构表面预处理主要包括脱脂净化、喷(抛)射处理以及手工和动力工具除锈。

脱脂净化的目的是除去基体金属表面的油、脂、机加工润滑剂等有机物。

水工金属结构表面在进行喷(抛)射处理之前，必须仔细地清除焊渣、飞溅、毛刺等附着物，并清洗基体金属表面可见的油脂以及其他污物。

喷(抛)射处理可分为干式和湿式两种方法。

喷(抛)射处理所用的磨料分为金属磨料和非金属磨料，必须清洁、干燥，并应根据基体金属的种类、表面原始锈蚀程度、除锈方法以及涂层类别来选择磨料的种类和粒度。金属热喷涂基体表面喷射处理应选用棱角状磨料。金属磨料粒度选择范围宜为0.5～1.5 mm，非金属磨料粒度选择范围宜为0.5～3.0 mm。

涂层缺陷部位可采用手工和动力工具除锈进行局部修理，表面清洁度等级应达到GB/T 8923.2中的规定。

在役金属结构进行防腐维护时，宜彻底清除旧涂料涂层和基底锈蚀部位的金属涂层，与基体结合牢固且保存完好的金属涂层可在清理出金属涂层光泽后予以保留。

表面预处理质量检验包括表面清洁度检验和表面粗糙度检验。表面清洁度和表面粗糙度的质量评定均应在良好的散射日光下或照度相当的人工照明条件下进行。检验人员应具有正常的视力。

一、表面清洁度检验

表面清洁度是指除去钢铁表面氧化皮、铁锈以及其他附着物的程度。

清洁度等级越高，涂层保护效果越好。

表面清洁度等级评定时，应用GB/T 8923.1、GB/T 8923.2中相应的照片与被检基体金属表面进行目视比较，评定方法应按其规定执行。

喷(抛)射处理后，钢闸门、启闭机以及压力钢管的明管、埋管内壁的基体金属表面清洁度等级宜不低于GB/T 8923.1中的规定(清洁度等级共分为Sa1、Sa2、Sa2.5、Sa3级)。

明管、埋管外壁经喷(抛)射处理后,其除锈等级根据设计规定采用水泥浆防腐蚀或涂料防腐蚀的不同,应达到表3-1中所规定的除锈等级标准。

表3-1 钢管外壁表面防腐蚀质量要求

部位	涂装配套	除锈等级	表面粗糙度(μm)
明管外壁	喷涂涂料	Sa2.5	40~70
埋管外壁	改性水泥胶浆	Sa1	—

二、表面粗糙度检验

表面粗糙度是指预处理后基体金属表面的粗糙程度。

合理的粗糙度可使涂层与基底很好咬合,从而具有理想的结合强度。

喷(抛)射处理后,SL 105 规定表面粗糙度应为40~150 μm。具体取值可根据涂层类别按表3-2选定。

表3-2 涂层类别与表面粗糙度的选择参考范围

涂层类别	非厚浆型涂料	厚浆型涂料	超厚浆型涂料	金属热喷涂
表面粗糙度(μm)	40~70	60~100	100~150	60~100

评定表面粗糙度等级时,应按照GB/T 13288.1、GB/T 13288.2 、GB/T 13288.3、GB/T 13288.4、GB/T 13288.5用标准样块目视比较评定粗糙度等级,或用仪器直接测定表面粗糙度值。

(一)比较样块法

应根据不同的磨料选择相应的样块进行评定。将样块靠近被检表面的某一测定点进行目视比较,必要时可借助不大于7倍的放大镜,以基体金属表面外观最接近的样块所示的粗糙度等级作为评定结果。其等级划分及评定方法按GB/T 13288.2的规定执行。

(二)仪器法

用表面粗糙度仪检测粗糙度时,在40 mm评定长度范围内测5个点,取其算术平均值作为此评定点的表面粗糙度值。每10 m^2 表面应不少于2个评定点。

第二节 涂料保护质量检验

用于水工金属结构防腐蚀的涂料,宜选用经过工程实践证明其综合性能良好的产品;否则,应经过试验论证确认其性能优异并满足设计要求。

构成涂层系统的所有涂料宜由同一制造厂生产,不同厂家的涂料进行配套使用时,应进行配套试验并证明其性能满足要求。构成涂层系统的各层涂料之间应有良好的配套性。涂层系统的选择应根据所处的环境按照SL 105—2007的要求执行。

防腐蚀涂层系统宜由底漆、中间漆和面漆构成。底漆应具有良好的附着力和防锈性能,中间漆应具有屏蔽性能且与底、面漆结合良好,面漆应具有耐候性或耐水性。

涂装前应对表面预处理的质量进行检验,合格后方能进行涂装。进行涂装施工时,环境空气相对湿度应低于 85%、基体金属表面温度应不低于大气露点以上 3 ℃以及现场环境温度不低于 10 ℃(启闭机为不低于 5 ℃)。

表面预处理与涂装之间的间隔时间应尽可能缩短。在潮湿或工业大气等环境条件下,应在 2 h 内涂装完毕;在晴天或湿度不大的条件下,最长应不超过 8 h。

涂装前,应对不涂装或暂不涂装的部位进行遮蔽。焊缝和边角部位宜采用刷涂方法进行第一道施工,其余部位应选用高压无气喷涂或空气喷涂。在工地焊缝两侧各 100～150 mm 宽度内宜先涂装不影响焊接性能的车间底漆,厚度为 20 μm 左右;安装后,应按相同技术要求对预留区域重新进行表面预处理以及涂装。

涂层系统各层间的涂覆间隔时间应按涂料制造厂的规定执行,如超过其最长间隔时间,则应将前一涂层打毛后再进行涂装,以保证涂层间的结合力。

一、涂层外观检验

涂装过程中,应进行湿膜外观检查,每层涂料涂装前应先对上一涂层进行检查。若发现有漏涂、流挂、皱皮等缺陷应及时进行处理,并宜用湿膜测厚仪估测湿膜厚度。

涂膜在固化前应避免雨淋、暴晒、践踏等,固化后应进行外观检验,涂层表面应光滑、颜色均匀一致,无流挂、皱皮、鼓泡、针孔、裂纹等缺陷。

二、涂层厚度检验

涂膜固化后,应进行干膜厚度测定。85%以上的局部厚度应达到设计厚度,未达到设计厚度的部位,其最小局部厚度应不低于设计厚度的 85%。

检测涂膜厚度的测厚仪精度应不低于 ±10%。测量前,应在标准块上对仪器进行校准,确认仪器测量精度满足要求。

用测厚仪测量时,应在 1 dm^2 的基准面上作 3 次测量,每次测量的位置应相距 25～75 mm,取 3 次测量值的算术平均值为该基准面的局部厚度。对于涂装前表面粗糙度大于 100 μm 的涂膜进行测量时,其局部厚度应为 5 次测量值的算术平均值。

对于平整表面,每 10 m^2 至少应测量 3 个局部厚度;结构复杂、面积较小的表面,宜每 2 m^2 测一个局部厚度。当产品规范或设计有附加要求时,应按产品规范或设计执行。

测量局部厚度时,应注意基准面检测分布的均匀性和代表性。

三、涂层附着力检验

涂膜固化后应选用划格法或拉开法进行附着力检验。附着力检验为破坏性试验,宜做抽检或带样试验。

(一)划格法

当涂膜厚度大于 250 μm 时,应用划叉法检验,在涂膜上划两条夹角为 60°的切割线,并应划透至基底,用透明压敏胶粘带粘牢划口部分,快速撕起胶带,涂层应无剥落。

当涂膜厚度不大于 250 μm 时,应按照 GB/T 9286 中的规定用划格法进行检验,按表 3-3 的规定检查漆膜附着力等级,其前三级均为合格漆膜。

表 3-3 漆膜附着力检查

级别	检查结果
0	切割的边缘完全是平滑的,没有一个方格脱落
1	在切割交叉处涂层有少许薄片分离,划格区受影响明显不大于 5%
2	涂层沿切割边缘或切口交叉处脱落明显大于 5%,但受影响明显不大于 15%
3	涂层沿切割边缘,部分和全部以大碎片脱落或它在格子的不同部位上部分和全部剥落,明显大于 15%,但划格区受影响明显不大于 35%
4	涂层沿切割边缘大碎片剥落或者一些方格部分或全部出现脱落,明显大于 35%,但划格区受影响明显不大于 65%
5	甚至按第 4 类也识别不出其剥落程度

(二)拉开法

拉开法检验附着力指标可参考表 3-4 或由供需双方商定。拉开法可选用拉脱式涂层附着力测试仪检验,检测方法按仪器说明书的规定进行。

表 3-4 涂层附着力定量指标 (单位:MPa)

涂料类别	附着力
环氧类、聚氨酯类、氟碳涂料	≥5.0
氯化橡胶类、丙烯酸树脂、乙烯树脂类、无机富锌类、环氧沥青、醇酸树脂类	≥3.0
酚醛树脂、油性涂料	≥1.5

四、涂层针孔检验

对于厚浆型涂料,由于一次成膜较厚,干燥相对困难,产生针孔的可能性较大,所以应用针孔仪进行全面检验。

厚浆型涂料用针孔检测仪进行检验,按设计规定电压值检测漆膜针孔。若发现针孔,用砂纸、弹性砂轮片作打磨处理后再进行补涂。

五、埋件防护检验

埋件外露部分的涂装可参照 SL 105—2007 附录 C 表 C-3 或表 C-4 选用涂料,并延伸到埋入面 20 mm 左右;其余与混凝土接触的埋入面可根据存放周期、环境条件决定是否选用水泥浆进行临时防护。

埋件涂装水泥浆的部位，其表面预处理清洁度等级宜不低于 GB/T 8923.1 中的规定。水泥浆厚度宜在 300～800 μm。水泥浆涂装后应及时进行喷水养护。

第三节　金属热喷涂保护质量检验

金属热喷涂保护系统包括金属喷涂层和涂料封闭层。金属热喷涂和涂料的复合保护系统应在涂料封闭后，涂覆中间漆和面漆。

金属热喷涂前应对表面预处理的质量进行检验，合格后方可进行喷涂。

金属热喷涂施工与表面预处理的间隔时间应尽可能缩短，在潮湿或工业大气等环境条件下，应在 2 h 内喷涂完毕；在晴天或湿度不大的条件下，最长不应超过 8 h。

金属热喷涂操作应符合 GB 11375 的有关规定。热喷涂工艺应按以下要求执行：

(1)喷涂用的压缩空气应清洁、干燥，压力不小于 0.4 MPa。

(2)喷嘴与基体表面的距离宜为 100～200 mm。

(3)喷枪应尽可能与基体表面垂直，喷束中心线与基体表面法线之间的夹角最大不应超过 45°。

(4)相邻喷幅之间应重叠 1/3。

(5)上下两遍之间的喷枪走向应相互垂直。

金属喷涂层检验合格后，应在任何冷凝发生之前进行涂料封闭。涂料封闭宜采用刷涂或高压无气喷涂的方式施工。

一、涂层外观检验

金属热喷涂完成后应进行外观检查。金属涂层外观表面应均匀一致，不能有金属熔融粗颗粒、起皮、孔洞、凹凸不平、鼓泡、裂纹、掉块以及其他影响使用的缺陷。若遇有少量夹杂可用刀具剔刮，如果缺陷面积较大，则应铲除重喷。

复合保护涂层的表面应均匀一致，无流挂、皱皮、鼓泡、针孔、裂纹等外观缺陷。

二、涂层厚度检验

为了确定涂层的最小局部厚度，应在涂层厚度尽可能最薄的部位进行测量。测量位置及次数可由有关各方协商认可，并在协议中规定。当无任何规定时，应按照分布均匀、具有代表性的原则来布置基准表面。在平整的表面上，宜每 10 m^2 不少于 3 个基准表面，对结构复杂的表面可适当增加基准面。

当表面有效面积在 1 m^2 以上时，应在一个面积为 1 dm^2 的基准面上用测厚仪测量 10 次，取其算术平均值作为该基准面的局部厚度；有效面积在 1 m^2 以下时，应在一个面积为 1 cm^2 的基准面上测量 5 次，取其算术平均值作为该基准面的局部厚度。测点分布见图 3-1。

实测金属涂层的最小局部厚度不应小于设计规定的厚度。

复合涂层的最小局部厚度不应小于设计规定的金属涂层厚度和涂料涂层厚度之

和,其检测方法同涂料涂层厚度检测。

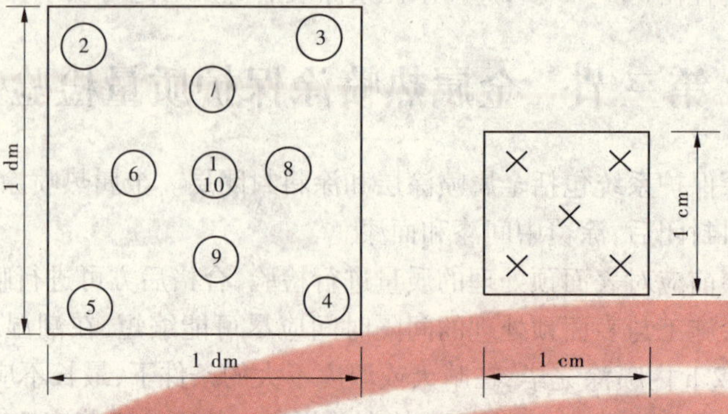

(a) 十点法 (b) 五点法

图 3-1 金属涂层厚度检测基准面内测点的分布

三、涂层结合强度检验

涂层结合强度检验为破坏性试验,宜做抽检或带样试验。金属涂层和复合涂层应分别进行检验,可选用切割法或拉开法进行涂层结合强度检验。

(一)切割法

切割法的检查原理是将涂层切断至基体,使之形成具有规定尺寸的方形格子,涂层不应产生剥离。

检查宜采用具有硬质刃口的切割工具,其形状见图 3-2,并应切割出表 3-5 中规定尺寸的格子。切痕深度应将涂层切断至基体金属。如有可能,切割成格子后,采用供需双方协商认可的一种合适胶带,借助于一个辊子或用手指施以 5 N 的载荷将胶带压紧在被切格的涂层上,然后沿垂直于涂层表面的方向快速将胶带拉开。胶带拉开方式见图 3-3。如不能使用此法,则检验涂层结合强度的方法就应取得供需双方同意。

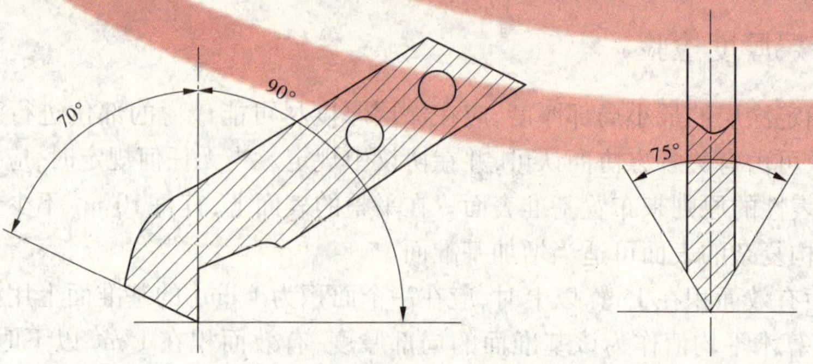

图 3-2 涂层结合强度检验切割工具

采用切割法时,在方格形切样内无金属涂层从基底上剥离,或剥离发生在涂层的层间而不是在涂层与基底界面处,则认为合格;若出现金属涂层与基底剥离的现象,则判定为不合格。

表 3-5　涂层切格尺寸

检查的涂层厚度(μm)	切割区的近似面积(mm×mm)	划痕间的距离(mm)
≤200	15×15	3
>200	25×25	5

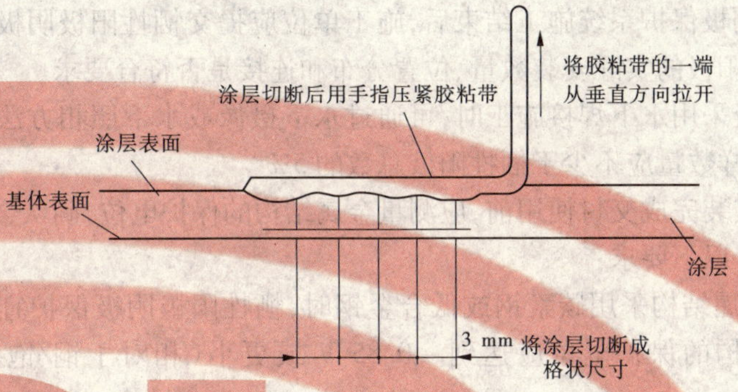

图 3-3　胶带拉开方式

(二)拉开法

采用拉开法进行涂层结合强度定量测试时,涂层结合强度应不低于 3.5 MPa 或由供需双方商定。拉开法可选用拉脱式涂层附着力测试仪检验,检测方法按仪器说明书的规定进行。

第四节　牺牲阳极阴极保护质量检验

牺牲阳极阴极保护应和涂料保护联合使用。

牺牲阳极阴极保护的金属结构应与水中其他金属结构点绝缘。

保护系统施工前应进行以下工作:

(1)测量金属结构的自然电位。

(2)确认现场环境条件与设计文件一致。

(3)确认保护系统使用的仪器设备和材料与设计文件一致,如有变更,应经设计方书面认可,并加以记录。

牺牲阳极的布置和安装应依据设计文件并满足以下要求:

(1)牺牲阳极的工作表面不应粘有油漆和油污。

(2)牺牲阳极的布置和安装方式应不影响金属结构的正常运行,并应能满足金属结构各处的保护电位均能符合相关要求。

(3)牺牲阳极与金属结构的连接位置应除去涂层并露出金属基底,其面积宜为 1 dm^2 左右。

(4)牺牲阳极应通过钢芯与金属结构短路连接,宜优先采用焊接方法,也可采用电缆连接或机械连接。

(5)牺牲阳极应避免安装在金属结构的高应力和高疲劳荷载区域。

(6)采用焊接法安装牺牲阳极时，焊缝应无毛刺、锐边、虚焊等。采用水下焊接时，应由取得相关资质证书的水下焊工进行。

(7)牺牲阳极安装后，应将安装区域表面处理干净，并按原技术要求重新涂装。补涂时，严禁污染牺牲阳极表面。

牺牲阳极阴极保护系统施工结束后，施工单位应提交牺牲阳极阴极保护系统安装竣工图，应核查阳极的实际安装数量、位置分布和连接是否符合要求。

当牺牲阳极采用水下焊接施工时，可通过水下摄像或水下照相方法对焊接质量进行抽样检查，抽样数量应不少于牺牲阳极总数的5%。

保护系统安装完成交付使用前，应测量金属结构的保护电位，确认金属结构各处的保护电位均符合以下要求：

(1)水工金属结构采用碳素钢或低合金钢时，牺牲阳极阴极保护宜使用在含氧环境中，其金属结构的保护电位应达到 -0.85 V 或更小(相对于铜/饱和硫酸铜参比电极)。

(2)若在缺氧环境中，金属结构的保护电位应达到 -0.95 V 或更小(相对于铜/饱和硫酸铜参比电极)。最大保护电位应以不损坏金属结构表面的涂层为前提。

如不符合上述两点要求，应对牺牲阳极阴极的数量和布置方式进行调整。

水工金属结构包括不同材质的金属材料时，保护电位应根据阳极性最强材料的保护电位确定，但不应超过金属结构中任何一种材料的最大保护电位。

自然电位和保护电位的测量应在金属结构设备表面具有代表性的位置进行，测量保护电位时应测量距阳极最远和最近点的电位值，并应考虑电解质中 IR 降的影响。

第四章　钢闸门质量检验

第一节　概　述

一、检验内容

钢闸门质量检验内容主要包括：

(1)闸门和埋件主要构件材料质量检验。

(2)焊接工艺评定及焊接工艺。

(3)闸门主要零部件材料(铸钢件和锻钢件)质量检验。

(4)闸门和埋件主体焊接结构件焊接质量检验。

(5)闸门和埋件组装质量检验。

(6)闸门和埋件防腐蚀质量检验。

(7)闸门和埋件安装质量检验。

二、检验所需资料

钢闸门质量检验所需资料主要包括：

(1)闸门设计图样、设计文件及有关会议纪要。

(2)监理文件、指令和通知单。

(3)焊接工艺评定报告、制造工艺文件或安装技术措施。

(4)闸门主要材料、标准件及外协加工件的质量证明书。

(5)闸门焊缝质量检验报告。

(6)对不合格品或重大缺陷处理记录和报告。

(7)闸门和埋件组装检测记录。

(8)闸门和埋件安装检测记录。

三、检验仪器与工具

钢闸门质量检验对所需的检验仪器与工具的要求主要有以下内容。

(1)闸门制造安装质量检验所使用的测量仪器与工具的精度必须达到下述规定：

①精度不低于1级的钢卷尺；

②DJ2级以上精度的经纬仪；

③DS3级以上精度的水准仪；

④测量精度不低于万分之一的全站仪、天顶仪及天底仪。

(2)闸门制造安装所使用的测量仪器与工具经法定计量部门检定合格。

四、检验主要标准及规范

钢闸门质量检验主要标准及规范有：

(1)《水电水利工程钢闸门制造安装及验收规范》(DL/T 5018)。

(2)《水利水电工程钢闸门设计规范》(DL/T 5039)。

(3)《产品几何技术规范(GPS) 几何公差 形状、方向、位置和跳动公差标注》(GB/T 1182)。

(4)《形状和位置公差 未注公差值》(GB/T 1184)。

(5)《产品几何技术规范(GPS) 极限与配合 第2部分:标准公差等级和孔、轴极限偏差表》(GB/T 1800.2)。

(6)《产品几何技术规范(GPS) 极限与配合 公差带和配合的选择》(GB/T 1801)。

(7)《水工金属结构焊接通用技术条件》(SL 36)。

(8)《钢焊缝手工超声波探伤方法和探伤结果分级》(GB 11345)。

(9)《金属熔化焊焊接接头射线照相》(GB/T 3323)。

(10)《无损检测 焊缝磁粉检测》(JB/T 6061)。

(11)《无损检测 焊缝渗透检测》(JB/T 6062)。

(12)《厚钢板超声波检验方法》(GB/T 2970)。

(13)《钢锻件超声检测方法》(GB/T 6402)。

(14)《铸钢件 超声检测 第1部分:一般用途铸钢件》(GB/T 7233.1)。

(15)《铸钢件 超声检测 第2部分:高承压铸钢件》(GB/T 7233.2)。

(16)《水工金属结构防腐蚀规范》(SL 105)。

(17)《涂覆涂料前钢材表面处理 表面清洁度的目视评定 第1部分:未涂覆过的钢材表面和全面清除原有涂层后的钢材表面的锈蚀等级和处理等级》(GB/T 8923.1)。

(18)《涂覆涂料前钢材表面处理 表面清洁度的目视评定 第2部分:已涂覆过的钢材表面局部清除原有涂层后的处理等级》(GB/T 8923.2)。

(19)《涂覆涂料前钢材表面处理 表面清洁度的目视评定 第3部分:焊缝、边缘和其他区域的表面缺陷的处理等级》(GB/T 8923.3)。

(20)《涂覆涂料前钢材表面处理 表面清洁度的目视评定 第4部分:与高压水喷射处理有关的初始表面状态、处理等级和闪锈等级》(GB/T 8923.4)。

(21)《涂覆涂料前钢材表面处理 喷射清理后的钢材表面粗糙度特性 第1部分:用于评定喷射清理后钢材表面粗糙度的ISO表面粗糙度比较样块的技术要求和定义》(GB/T 13288.1)。

(22)《涂覆涂料前钢材表面处理 喷射清理后的钢材表面粗糙度特性 第2部分:磨料喷射清理后钢材表面粗糙度等级的测定方法 比较样块法》(GB/T 13288.2)。

(23)《涂覆涂料前钢材表面处理 喷射清理后的钢材表面粗糙度特性 第3部分:ISO表面粗糙度比较样块的校准和表面粗糙度的测定方法 显微镜调焦法》(GB/T 13288.3)。

(24)《涂覆涂料前钢材表面处理 喷射清理后的钢材表面粗糙度特性 第 4 部分:ISO 表面粗糙度比较样块的校准和表面粗糙度的测定方法 触针法》(GB/T 13288.4)。

(25)《涂覆涂料前钢材表面处理 喷射清理后的钢材表面粗糙度特性 第 5 部分:表面粗糙度的测定方法 复制带法》(GB/T 13288.5)。

(26)《色漆和清漆 漆膜的划格试验》(GB/T 9286)。

(27)《热喷涂金属和其他无机覆盖层 锌、铝及合金》(GB/T 9793)。

(28)《水工金属结构制造安装质量检验通则》(SL 582)。

(29)《水利水电工程钢闸门制造、安装及验收规范》(GB/T 14173)。

(30)《水电水利工程金属结构设备防腐蚀技术规程》(DL/T 5358)。

(31)《钢结构工程施工质量验收规范》(GB 50205)。

(32)《承压设备无损检测 第 4 部分:磁粉检测》(JB/T 4730.4)。

(33)《承压设备无损检测 第 5 部分:渗透检测》(JB/T 4730.5)。

(34)《水工金属结构铸锻件通用技术条件》(SL 576)。

第二节　构件和零件质量检验

一、构件质量检验

制造闸门所使用的钢板和型钢的形位公差需符合表 4-1 的规定。

由钢板和型钢拼装而成的单个构件的尺寸公差和形位公差应符合表 4-2 的规定。

表 4-1　钢板和型钢的形位公差　(单位:mm)

序号	名称	简图	公差
1	钢板、扁钢平面度(t)	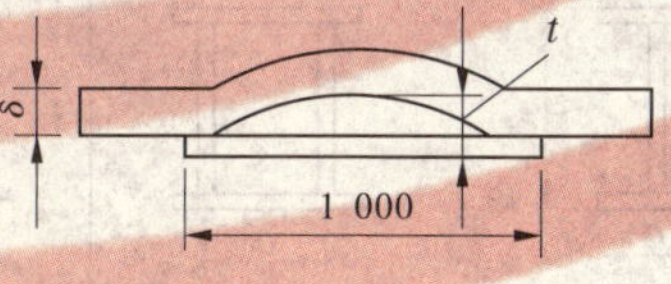	在 1 m 范围内: $\delta<4$:$t<2.0$ $\delta=4\sim12$:$t<1.5$ $\delta>12$:$t<1.0$
2	角钢、工字钢、槽钢的直线度		长度的 1/1 000, 但不大于 5.0
3	角钢肢的垂直度(Δ)		$\Delta\leqslant b/100$

续表 4-1

<table>
<tr><th>序号</th><th>名称</th><th>简图</th><th colspan="3">公差</th></tr>
<tr><td>4</td><td>工字钢、槽钢翼缘的垂直度(Δ)</td><td>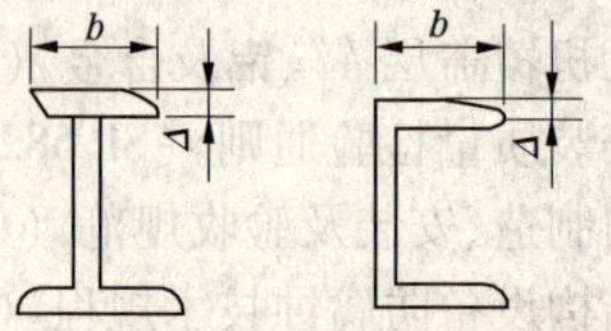</td><td colspan="3">$\Delta \leqslant b/30$，
且 $\Delta \leqslant 2.0$</td></tr>
<tr><td rowspan="4">5</td><td rowspan="4">角钢、工字钢、槽钢扭曲度(e)</td><td rowspan="4">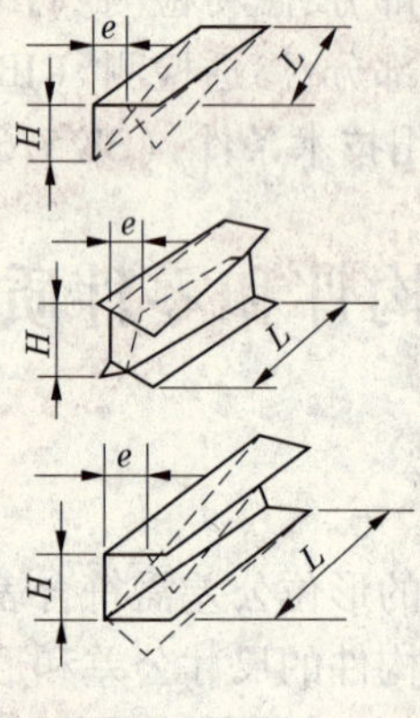</td><td rowspan="2">型钢长度(L)</td><td colspan="2">型钢高度(H)</td></tr>
<tr><td>≤100</td><td>≤100</td></tr>
<tr><td>≤2 000</td><td>e≤1.0</td><td>e≤1.5</td></tr>
<tr><td>>2 000</td><td>$e=\frac{0.5}{1\,000}L$</td><td>$e=\frac{0.75}{1\,000}L$
e≤2.0</td></tr>
</table>

表 4-2　构件拼装公差　　（单位:mm）

<table>
<tr><th>序号</th><th>名称</th><th>简图</th><th>公差</th></tr>
<tr><td>1
2
3</td><td>构件宽度(b)
构件高度(h)
腹板间距(c)</td><td>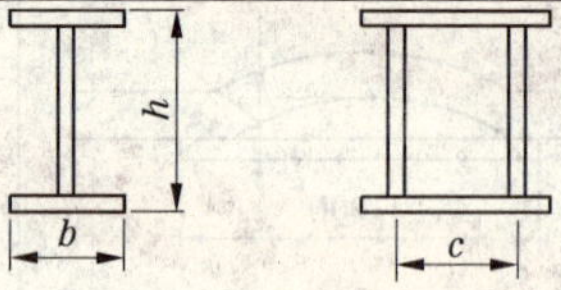</td><td>±2.0</td></tr>
<tr><td rowspan="2">4</td><td rowspan="2">翼缘板对腹板的垂直度(a)</td><td rowspan="2">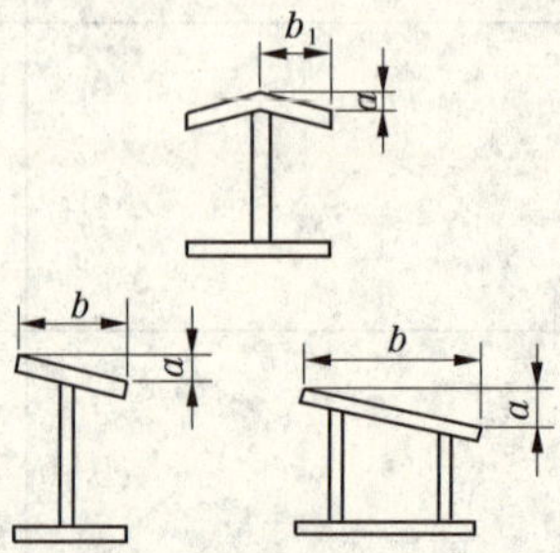</td><td>$a \leqslant b_1/150$，且不大于 2.0</td></tr>
<tr><td>$a \leqslant 0.003b$，且不大于 2.0</td></tr>
</table>

续表 4-2

序号	名称	简图	公差
5	腹板对翼缘板中心位置的偏移(e)	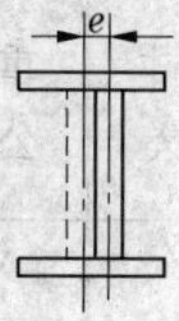	2.0
6	腹板的局部平面度(Δ)	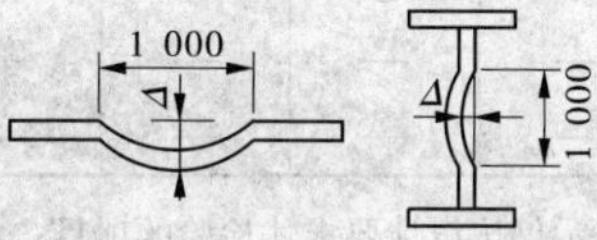	每米范围内不大于2.0
7	扭曲		长度不大于3 m的构件,应不大于1.0;每增加1 m,递增0.5,且最大不大于2.0
8	正面(受力面)弯曲度		构件长度的1/1 500,且不大于4.0
9	侧面弯曲度		构件长度的1/1 000,且不大于6.0

二、闸门零件质量检验

(一)零件分类

根据零件的受力情况、重要性、工作条件,通常将零件分为5类。

Ⅰ类:用于承受复杂应力和冲击振动及重负载工作条件下的零件。这类零件如果失效损坏会直接产生严重后果,发生等级事故,或危及人身安全,或导致系统功能失效。

Ⅱ类:用于承受固定的重负载和较小的冲击振动工作条件下的零件。这类零件如果失效或损坏可能直接影响到其他零件、部件的损坏和失效,影响到某一部分的正常工作,但不会导致等级事故和危及人身安全,不会导致系统工作的失效。

Ⅲ类:用于承受固定的负载,但不受冲击和振动工作条件下的零件。这类零件损坏会引起局部出现故障。

Ⅳ类:用于承受负载不大、不计算强度、安全系数较大的零件。

Ⅴ类:除以上4类外的零件。

(二)零件质量检验项目

零件的制作材料一般为铸钢件和锻件。各类铸钢件和锻件的检验项目列于表4-3、表4-4。

表 4-3　铸钢件的检验项目

铸件类别	单铸试件			铸钢件					
	化学成分	力学性能 σ_b、σ_s 或 $\sigma_{0.2}$、σ_5、ψ	硬度	尺寸公差	重量公差	粗糙度	表面质量	无损检测	气密性
Ⅰ类	√	√	√	√	√	√	√	√	O
Ⅱ类	√	√	√	√	√	√	√	√	O
Ⅲ类	√	O	√	O	O	—	√	O	—
Ⅳ类	√	—	—	—	—	—	—	—	—
Ⅴ类	—	—	—	—	—	—	—	—	—

注:(1)"√"表示必须检验的项目;"O"表示仅按设计要求才检验的项目;"—"表示不检验的项目。

(2)单铸试块应符合 GB 11352 中图 1 的要求,批量划分按炉次分。

表 4-4　锻件的检验项目

锻件级别	试验项目及检验数量				组批条件
	化学成分	硬度	拉伸（σ_b、σ_s 或 $\sigma_{0.2}$、σ_5、ψ）	冲击（A_k）	
Ⅰ	每一炉号	100%	100%	100%	逐件检验
Ⅱ	每一炉号	100%	每批抽 2%,但不少于 2 件	每批抽 2%,但不少于 2 件	同钢号、同热处理炉次
Ⅲ	每一炉号	100%	—	—	同钢号、同热处理炉次
Ⅳ	每一炉号	每批抽 5%,但不少于 5 件	—	—	同钢号、同热处理炉次
Ⅴ	每一炉号	—	—	—	同一钢号

注:(1)每批锻件应由同一图样锻成,也可由不同图样锻造但形状和尺寸相近的锻件组批。

(2)按百分比计算检验数量后,不足 1 件的余数应算为 1 件。

(3)Ⅰ、Ⅱ级锻件的硬度值不作为验收的依据。

(三)铸钢件质量检验的要求

(1)铸钢件表面应清理干净,修整飞边与毛刺,去除补贴、粘砂、氧化铁皮及内腔残余物。

(2)铸钢件表面不应有裂纹、冷隔和缩松等缺陷,加工面允许存在机械加工余量范围内的表面缺陷。

(3)浇冒口的残根应清除干净、平整。

(4)Ⅰ、Ⅱ类铸钢件应按 GB/T 7233.1 进行内部质量检验和评定,Ⅰ类铸钢件关键部位的质量等级应符合 2 级标准,Ⅱ类铸钢件关键部位的质量等级应符合 3 级标准。

(四)锻件质量检验的要求

(1)锻件表面不应有裂纹、缩孔、折叠、夹层及锻伤等缺陷。需机械加工的表面若有缺陷,其深度不应超过单边机械加工余量的50%。

(2)发现有白点的缺陷应予报废,且与该锻件同一熔炉号、同炉热处理的锻件均应逐个进行检查。

(3)Ⅰ、Ⅱ类锻件的超声波检测应按GB/T 6402—2008进行内部质量检验,评定按《水工金属结构铸锻件通用技术条件》(SL 576—2012),Ⅰ类锻件的质量等级应符合3级标准,Ⅱ类锻件的质量等级应符合2级标准。Ⅰ、Ⅱ类锻件的磁粉检测和渗透检测应分别按照JB/T 4730.4和JB/T 4730.5进行,Ⅰ类锻件主要受力部位检查比例不低于50%,Ⅱ类锻件主要受力部位检查比例不低于20%,不允许存在裂纹和白点,轴类零件不允许任何横向缺陷显示。当检查发现有超标缺陷时,应进行100%扫查。

(五)连接螺栓质量检验的要求

(1)钢结构连接用普通螺栓的最终合适紧度宜为螺栓拧断力矩的50%~60%,并应使所有螺栓拧紧力矩保持均匀。

(2)高强度螺栓拧紧,分为初拧和终拧。初拧扭矩为规定力矩值的50%,终拧到规定力矩。拧紧螺栓应从中部开始对称向两端进行。

(3)测力扳手在使用前,应检查其力矩值,并在使用过程中定期复验。

第三节 平面闸门制造质量检验

一、平面闸门制造质量

(1)平面闸门门叶制造、组装质量的检测项目及技术要求见表4-5,测量示意图见图4-1。

表4-5 平面闸门公差或极限偏差 (单位:mm)

序号	项目	门叶尺寸	公差或极限偏差
1	门叶厚度(b)	≤1 000 1 000~3 000 >3 000	±3.0 ±4.0 ±5.0
2①	门叶高度(H) 门叶宽度(B)	≤5 000 5 000~10 000 10 000~15 000 15 000~20 000 >20 000	±5.0 ±8.0 ±10.0 ±12.0 ±15.0
3	对角线相对差$\|D_1-D_2\|$	取门高或门宽中尺寸较大者: ≤5 000 5 000~10 000 10 000~15 000 15 000~20 000 >20 000	 3.0 4.0 5.0 6.0 7.0
4	扭曲	≤10 000 >10 000	3.0 4.0

续表 4-5

序号	项目	门叶尺寸	公差或极限偏差
5②	门叶横向直线度(f_1)		B/1 500,且不大于6.0
6②	门叶竖向直线度(f_2)		H/1 500,且不大于4.0
7	两边梁中心距	≤10 000 10 000～15 000 15 000～20 000 >20 000	±3.0 ±4.0 ±5.0 ±6.0
8	两边梁平行度 $\|l'-l\|$	≤10 000 10 000～15 000 15 000～20 000 >20 000	3.0 4.0 5.0 6.0
9	纵向隔板错位		3.0
10	面板与梁组合面的局部间隙		1.0
11	面板局部平面度	面板厚度(δ): ≤10 10～16 >16	每米范围内不大于 5.0 4.0 3.0
12	门叶底缘直线度		2.0
13	门叶底缘倾斜度(C)		3.0
14	两边梁底缘平面(或承压板)平面度		2.0
15	节间止水板平面度		2.0
16	止水座面平面度		2.0
17	止水座板至支承座面的距离		±1.0
18	侧止水螺孔中心至门叶中心距离		±1.5
19	顶止水螺孔中心至门叶底缘距离		±3.0
20	底水封座板高度		±2.0
21	自动挂钩定位孔(或销)中心距		±2.0

注:①门叶宽度 B 和高度 H 的对应边之差应不大于相应尺寸公差的一半(本规定适用于其他形式的闸门)。
②门叶横向直线度通过各横梁中心线测量,竖向直线度通过两边梁中心线测量。门叶整体弯曲应力求凸向迎水面,如出现凸向背水面时,其直线度公差应不大于3.0 mm;但图样有规定时,应符合图样规定。

(2)闸门的主支承行走装置或反向支承行走装置组装时,应以止水座面为基准面进行调整。所有滚轮或支承滑道应在同一平面内,其平面度允许公差为:当滚轮或滑道的跨度小于或等于10 mm 时,应不大于2.0 mm;跨度大于10 mm 时,应不大于3.0 mm。每段滑道至少在两端各测一点,同时滚轮对任何平面的倾斜应不超过轮径的2/1 000。

(3)滑道支承与止水座基准面的平面度允许公差为:当滑道长度小于或等于500 mm 时,应不大于0.5 mm;当滑道长度大于500 mm 时,应不大于1.0 mm。相邻滑道衔接端的高低差应不大于1.0 mm。

(4)滚轮或滑道支承跨度的允许偏差应符合表4-6 的规定,同侧滚轮或滑道的中心线极限偏差应不大于2.0 mm。

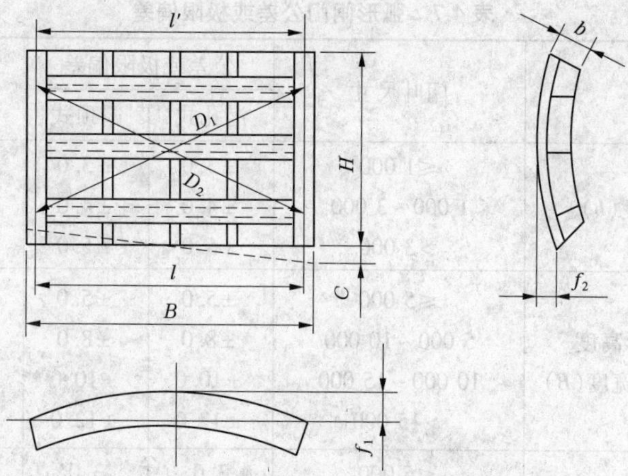

图 4-1　平面闸门测量示意图

表 4-6　支承跨度极限偏差

（单位：mm）

序号	跨度	极限偏差	
		滚轮	滑道支承
1	≤5 000	±2.0	±2.0
2	5 000 ~ 10 000	±3.0	±2.0
3	>10 000	±4.0	±2.0

（5）在同一横断面上，滚轮或主支承滑道的工作面与止水座面的距离允许偏差为 ±1.5 mm；反向支承滑块或滚轮的工作面与止水座面的距离允许偏差为 ±2.0 mm。

（6）闸门吊耳应以门叶中心线为基准，单个吊耳允许偏差为 ±2.0 mm，双吊点闸门两吊耳中心距允许偏差为 ±2.0 mm。闸门吊耳孔的纵向、横向中心线允许偏差为 ±2.0 mm，吊耳、吊杆的轴孔应各自保持同心，其倾斜度应不大于 1/1 000。

（7）平面闸门不论整体或分节制造，出厂前应进行整体组装（包括主支承装置、反向支承装置、侧向支承装置及充水装置的组装），组装应在自由状态下进行，如节间系焊接连接的，则节间允许用连接板连接，但不得强制组合。组合处的错位应不大于 2.0 mm。

二、平面闸门制造检验

平面闸门制造检验详见 SL 582—2012（5.3）。

第四节　弧形闸门制造质量检验

一、弧形闸门制造质量

（1）弧形闸门门叶制造、组装质量的检测项目及技术要求见表 4-7，测量示意图见图 4-2。

表 4-7　弧形闸门公差或极限偏差　　（单位：mm）

序号	项目	门叶尺寸	公差或极限偏差		备注
			潜孔式	露顶式	
1	门叶厚度(b)	≤1 000	±3.0	±3.0	
		1 000 ~ 3 000	±4.0	±4.0	
		>3 000	±5.0	±5.0	
2	门叶外形高度(H)和外形宽度(B)	≤5 000	±5.0	±5.0	
		5 000 ~ 10 000	±8.0	±8.0	
		10 000 ~ 15 000	±10.0	±10.0	
		>15 000	±12.0	±12.0	
3	对角线相对差 $\|D_1 - D_2\|$	≤5 000	3.0	3.0	在主梁与支臂组合处测量
		5 000 ~ 10 000	4.0	4.0	
		>10 000	5.0	5.0	
4	扭曲	≤5 000	2.0	2.0	在主梁与支臂组合处测量
		5 000 ~ 10 000	3.0	3.0	
		>10 000	4.0	4.0	
		≤5 000	3.0	3.0	在门叶四角测量
		5 000 ~ 10 000	4.0	4.0	
		>10 000	5.0	5.0	
5	门叶横向直线度	≤5 000	3.0	6.0	通过各主、次横梁或横向隔板的中心线测量
		5 000 ~ 10 000	4.0	7.0	
		>10 000	5.0	8.0	
6	门叶纵向弧度与样尺的间隙		3.0	6.0	通过各主、次纵梁或纵向隔板的中心线，用弦长 3.0 m 的样尺测量
7	两主梁中心距		±3.0	±3.0	
8	两边梁平行度 $\|l' - l\|$		3.0	3.0	
9	纵向隔板错位		2.0	2.0	
10	面板与梁组合面的局部间隙		1.0	1.0	
11	面板局部与样尺的间隙	板厚(δ)：	每米范围内不大于		
		6 ~ 10	5.0	6.0	
		10 ~ 16	4.0	5.0	
		>16	3.0	4.0	

续表 4-7

序号	项目	门叶尺寸	公差或极限偏差		备注
			潜孔式	露顶式	
12	门叶底缘直线度		2.0	2.0	
13	门叶底缘倾斜值(2C)		3.0	3.0	
14	侧止水座面平面度		2.0	2.0	
15	顶止水座面平面度		2.0	2.0	
16	侧止水螺孔中心至门叶中心距离		±1.5	±1.5	
17	顶止水螺孔中心至门叶底缘距离		±3.0	±3.0	

注:当门叶宽度、两边梁中心距及其直线度与侧止水有关时,其偏差值应符合图样规定。

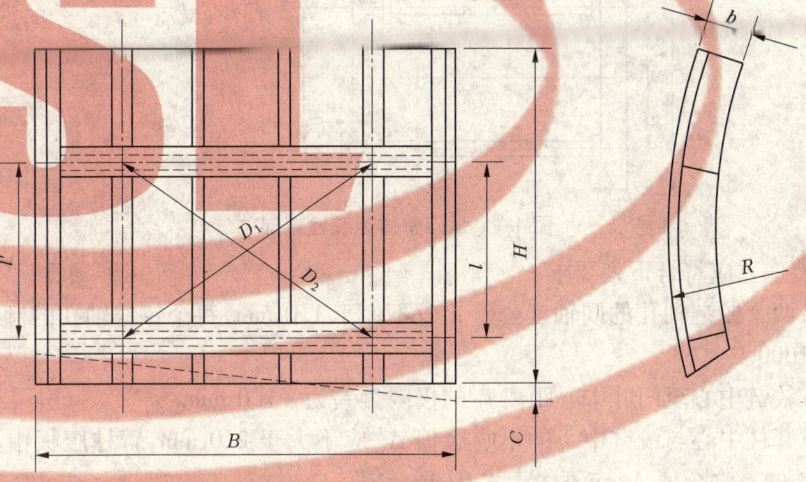

图 4-2　弧形闸门测量示意图

(2)支臂开口处弦长的极限偏差应符合表 4-8 的规定。

表 4-8　支臂开口处弦长极限偏差　(单位:mm)

序号	支臂开口处弦长	极限偏差
1	≤4 000	±2.0
2	4 000 ~6 000	±3.0
3	>6 000	±4.0

(3)直支臂的侧面扭曲，应不大于 2.0 mm。反向弧门支臂两侧对水平面的垂直度应不大于 1/1 000。

(4)斜支臂组装应以臂柱中心线夹角平分线为基准线，臂柱腹板应与门叶主梁腹板形成水平连接，支臂连接板应与基准线垂直，上、下臂柱腹板在垂直于基准线的剖面的扭角采用样板检查，样板间隙应不大于 2.0 mm。

(5)弧门出厂前，应进行整体组装和检查，检查的部位如图 4-3 所示。

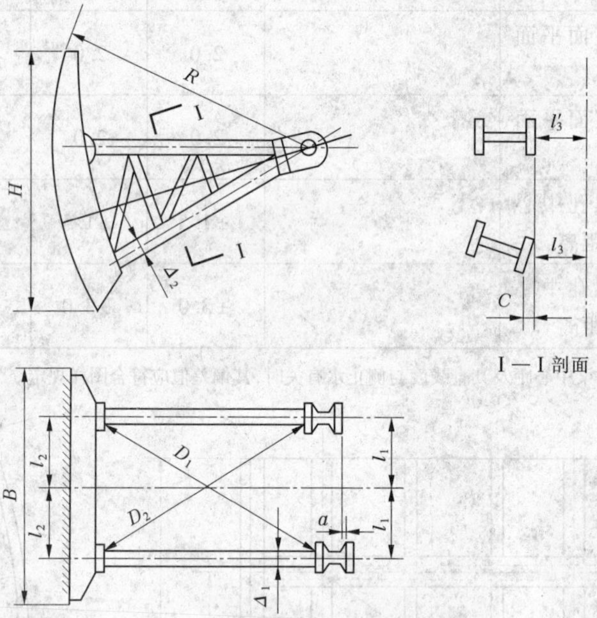

图 4-3　弧门整体组装检查部位

组装偏差应符合下列要求：

(1)两个铰链轴孔的同轴度公差 a 应不大于 1.0 mm，每个铰链轴孔的倾斜度应不大于 1/1000。

(2)铰链中心至门叶中心距离 l_1 的极限偏差为 ±1.0 mm。

(3)臂柱中心与铰链中心的不吻合值 Δ_1 应不大于 2.0 mm，臂柱腹板中心与主梁腹板中心的不吻合值 Δ_2 应不大于 4.0 mm。

(4)支臂中心至门叶中心距离（在支臂开口处）的允许偏差为 ±1.5 mm。

(5)支臂与主梁组合处的中心至支臂与铰链组合处的中心对角线相对差 $|D_1 - D_2|$ 应不大于 3.0 mm。

(6)在上、下两臂柱夹角平分线的垂直剖面上，上、下臂柱侧面的位置度公差 $C = |l_3 - l_3'|$，应不大于 5.0 mm。

(7)铰链轴孔中心至面板外缘的半径 R 的偏差：露顶式弧门极限偏差为 ±7.0 mm，两侧相对差应不大于 5.0 mm；潜孔式弧门极限偏差为 ±3.0 mm，两侧相对差应不大于 2.0 mm；采用突扩式门槽的高水头弧门极限偏差为 ±2.0 mm，其偏差应与门槽侧轨止水座基面内弧曲率半径偏差方向一致，两侧相对差不大于 1.0 mm。

(8)臂柱两端与门叶、铰链连接板组合面之间应平整密贴,接触面应不少于75%,连接螺栓紧固后,用0.3 mm塞尺检查,连续可插入部位应不大于100 mm,累计长度应不大于周长的75%,极少数点的最大间隙应不大于0.8 mm。

二、弧形闸门制造检验

弧形闸门制造检验详见SL 582—2012(5.5)。

第五节　人字闸门制造质量检验

一、人字闸门制造检验

(1)人字闸门门叶制造、组装质量的检测项目及技术要求见表4-9,测量示意图见图4-4。

(2)整体组装时,底枢顶盖中心位置偏差应不大于2.0 mm,底枢顶盖与底横梁中心线的平行度公差应不大于1.0 mm。

(3)分节制造的人字闸门工地整体组装时,应作出顶、底枢轴线和顶枢轴孔控制线,并用仪器校验,顶、底枢中心同轴度公差应不大于0.5 mm,顶、底枢中心线与门叶中心线平行度公差应不大于0.5 mm。

(4)整体制造的人字闸门可在工厂对顶枢进行镗孔,顶、底枢中心同轴度公差应不大于0.5 mm,顶、底枢中心线与门叶中心线平行度公差应不大于0.5 mm。

表4-9　人字闸门公差或极限偏差　(单位:mm)

序号	项目	门叶尺寸	公差或极限偏差	备注
1	门叶厚度(b)	≤1 000	±3.0	
		1 000~3 000	±4.0	
		>3 000	±5.0	
2	门叶外形高度(H)	≤5 000	±5.0	
		5 000~10 000	±8.0	
		10 000~15 000	±12.0	
		15 000~20 000	±16.0	
		>20 000	±20.0	
3	门叶外形半宽($B/2$)	≤5 000	±2.5	
		5 000~10 000	±4.0	
		>10 000	±5.0	
4	对角线相对差 $\lvert D_1-D_2\rvert$	≤5 000	3.0	按门高或门宽尺寸较大者选取
		5 000~10 000	4.0	
		10 000~15 000	5.0	
		15 000~20 000	6.0	
		>20 000	7.0	

续表 4-9

序号	项目	门叶尺寸	公差或极限偏差	备注
5	门轴柱 正面　直线度 斜接柱	≤5 000 5 000～10 000 >10 000	2.5 4.0 5.0	
6	门轴柱 侧面　直线度 斜接柱		5.0	
7	门叶横向直线度(f_1)		B/1 500，且不大于4.0	
8	门叶竖向直线度(f_2)		H/1 500，且不大于6.0	
9	顶、底主梁的长度相对差	≤5 000 5 000～10 000 >10 000	2.5 4.0 5.0	
10	面板与梁组合面的局部间隙		1.0	
11	面板局部凹凸平面度	面板厚度(δ)： ≤10 10～16 >16	每米范围内 6.0 5.0 4.0	

注：(1)门叶横向直线度通过各横梁中心线测量。竖向直线度通过左、右两侧两根纵向隔板中心线测量。

(2)门叶纵向隔板错位、门叶底缘倾斜度、止水座面平面度符合表4-5中序号9、13、16的规定。

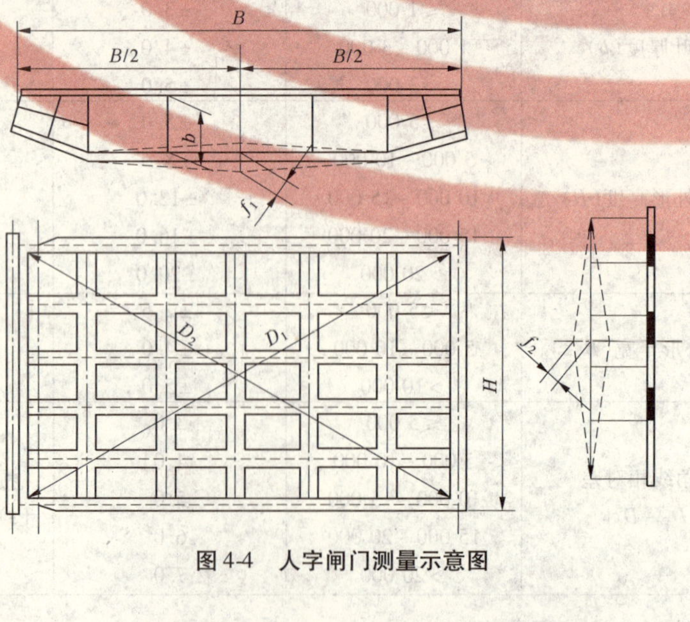

图 4-4　人字闸门测量示意图

二、人字闸门制造检验

人字闸门制造检验详见 SL 582—2012(5.7)。

第六节　闸门埋件制造质量检验

闸门埋件是指预埋在各类闸室中的钢结构件,包括底槛、主轨、副轨、反轨、止水座板、门楣、侧轮导板、侧轨、铰座钢梁等。

一、闸门埋件制造质量

(1)闸门埋件的制造公差应符合表 4-10 和表 4-11 的规定。

表 4-10　具有止水要求的闸门埋件的制造公差　(单位:mm)

序号	项目	公差	
		构件表面未经加工	构件表面经过加工
1	工作面直线度	构件长度的 1/1 500,且不大于 3.0	构件长度的 1/2 000,且不大于 1.0
2	侧面直线度	构件长度的 1/1 000,且不大于 4.0	构件长度的 1/2 000,且不大于 2.0
3	工作面局部平面度	每米范围内不大于 1.0,且不超过 2 处	每米范围内不大于 0.5,且不超过 2 处
4	扭曲	长度小于 3.0 m 的构件,应不大于 1.0;每增加 1.0 m,递增 0.5,且最大不大于 2.0	

注:(1)工作面直线度沿工作面正向对应支承梁腹板中心测量。
(2)侧向直线度沿工作面侧向对应焊有隔板或筋板处测量。
(3)扭曲系指构件两对角线中间交叉点处不吻合值。

表 4-11　没有止水要求的闸门埋件的制造公差　(单位:mm)

序号	项目	公差
1	工作面直线度	构件长度的 1/1 500,且不大于 3.0
2	侧面直线度	构件长度的 1/1 500,且不大于 4.0
3	工作面局部平面度	每米范围内不大于 3.0
4	扭曲	长度小于 3.0 m 的构件,应不大于 2.0;每增加 1.0 m,递增 0.5,且最大不大于 3.0

注:要求同表 4-10。

(2)高水头弧门(包括采用液控伸缩式和偏心铰压紧式止水的弧门)采用突扩式门槽时,侧轨上止水座基面的曲率半径允许偏差为 ±2.0 mm,其偏差方向应与门叶面板外弧的曲率半径偏差方向一致;一般弧形闸门门槽上侧止水板和侧轮导板的中心曲率

半径允许偏差为 ±3.0 mm。

(3)底槛和门楣的长度允许偏差为 $^{+0}_{-4.0}$ mm，若底槛不是嵌于其他构件之间，则允许偏差为 ±4.0 mm；胸墙的宽度允许偏差为 $^{+0}_{-4.0}$ mm，对角线相对差应不大于 4.0 mm。

(4)焊接主轨的不锈方钢、止水板与主轨面板组装时应压合，局部间隙应不大于 0.5 mm，且每段长度不超过 100 mm，累计长度不超过全长的 15%。铸钢主轨支承面(踏面)宽度尺寸允许偏差为 ±3.0 mm。

(5)当止水板布置在主轨上时，任一横断面的止水板与主轨轨面的距离 c 的允许偏差为 ±0.5 mm，止水板中心至主轨轨面中心的距离 a 的允许偏差为 ±2.0 mm，止水板与主轨轨面的相互关系如图 4-5 所示。

(6)当止水板布置在反轨上时，任一横断面的止水板与反轨工作面的距离 c 的允许偏差为 ±2.0 mm，止水板中心至反轨工作面中心的距离 a 的允许偏差为 ±3.0 mm，止水板与反轨工作面的相互关系如图 4-6 所示。

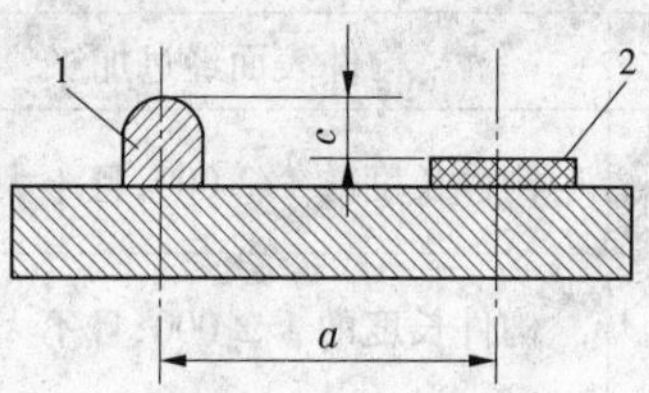

1—主轨轨面(承压加工面)；
2—止水板(加工面)

图 4-5　止水板与主轨轨面的相互关系

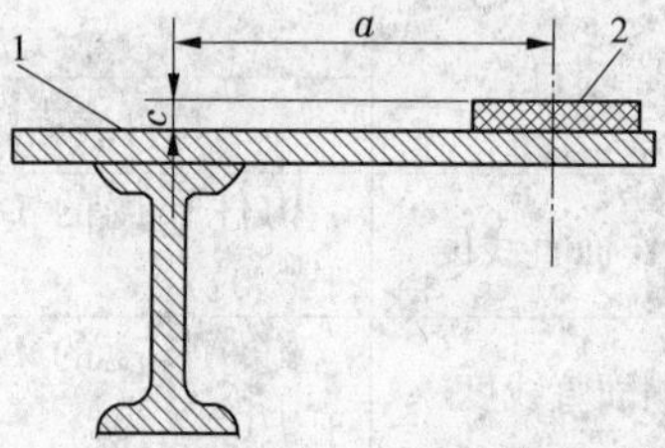

1—反轨工作面(指与反轮接触部位，系非加工面)；
2—止水板(加工面)

图 4-6　止水板与反轨工作面的相互关系

(7)护角如兼作侧轨，其与主轨轨面(或反轨工作面)中心的距离 a 的允许偏差为 ±3.0 mm，其与主轨轨面(或反轨工作面)的垂直度公差应不大于 ±1.0 mm(见图 4-7)。

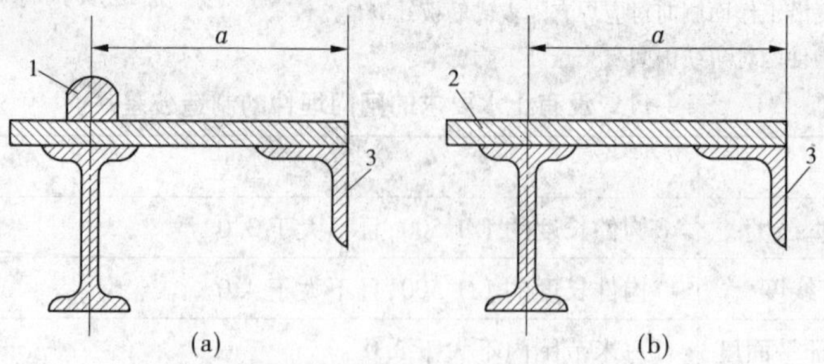

1—主轨轨面；2—反轨工作面；3—护角

图 4-7　护角与主轨(反轨)的相互关系

二、闸门埋件制造检验

闸门埋件制造检验详见 SL 582—2012(5.1)。

第七节　闸门安装质量检验

一、平面闸门安装质量检验

平面闸门安装质量检验的主要内容包括:

(1)整体闸门在安装前后,应按设计图样对各项尺寸进行复测,并符合标准规定的要求。

(2)橡胶水封的螺孔位置应与门叶及水封压板上的螺孔位置一致;孔径应比螺栓小1.0 mm,均匀拧紧螺栓后,其端部至少应低于橡胶水封自由表面8.0 mm。橡胶水封安装后,两侧止水中心距离和顶止水至底止水底缘距离的极限偏差为±3.0 mm,止水表面的平面度公差为2.0 mm。闸门处于工作状态时,橡胶水封的压缩量应符合设计图样规定,并进行透光检查或冲水试验。

(3)平面闸门应作静平衡试验,试验方法为:将闸门吊离地面100 mm,通过滚轮或滑道的中心测量上、下游与左、右方向的倾斜,一般单吊点平面闸门的倾斜不应超过门高的1/1 000,且不大于8.0 mm;平面链轮闸门的倾斜应不超过门高的1/1 500,且不大于3.0 mm,当超过上述规定时,应予配重。

(4)平面闸门门叶安装检验详见SL 582—2012(5.1)。

二、弧形闸门安装质量检验

弧形闸门安装质量检验的主要内容包括:

(1)圆柱铰、球铰及其他型式支铰铰座安装公差或极限偏差应符合表4-12的规定。

表4-12　弧形闸门铰座安装公差或极限偏差　(单位:mm)

序号	项目	公差或极限偏差
1	铰座中心对孔口中心线的距离	±1.5
2	里程	±2.0
3	高程	±2.0
4	铰座轴孔倾斜	1/1 000
5	两铰座轴线的同轴度	1.0

注:铰座轴孔倾斜系指任何方向的倾斜。

(2)分节制造的弧门门叶组装成整体后,应按设计图样对各项尺寸进行复测,并满足标准有关规定。

(3)铰轴中心至弧门面板外缘半径 R 的极限偏差:露顶式弧门为±8.0 mm,两侧相对差应不大于5.0 mm;潜孔式弧门为±4.0 mm,两侧相对差应不大于3.0 mm;采用突扩式门槽的高水头弧门(包括采用偏心铰压紧式或液控伸缩式止水弧门)为±3.0 mm,其偏差方向应与侧轨上止水座基面的曲率半径偏差方向一致,侧轨上止水座基面至弧门外弧面的间隙公差应不大于3.0 mm,同时两侧半径的相对差应不大于1.5 mm。

(4)弧形闸门门体安装检验详见SL 582—2012(5.6)。

三、人字闸门安装质量检验

人字闸门安装质量检验的主要内容包括:

(1)底枢轴孔或蘑菇头中心的极限偏差应不大于+2.0 mm,左、右两蘑菇头高程极限偏差为±3.0 mm,其相对差应不大于2.0 mm。底枢轴座的水平倾斜度应不大于1/1 000。底枢装置见图4-8。

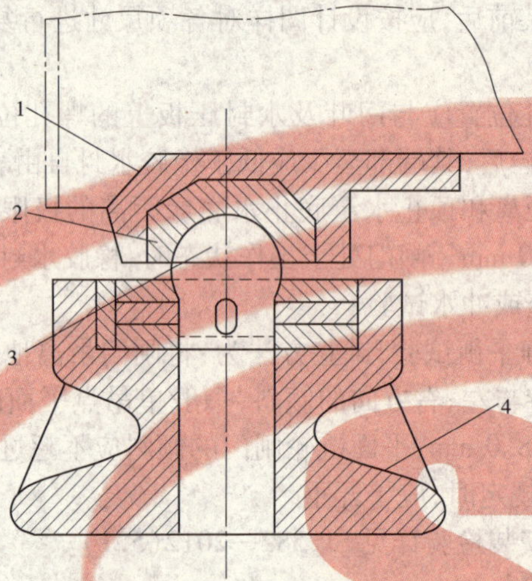

1—底枢顶盖;2—轴套;3—蘑菇头;4—底枢轴座

图4-8　底枢装置

(2)顶枢拉杆两端的高差应不大于1.0 mm。两拉杆中心线的交点与顶枢中心应重合,其偏差应不大于2.0 mm。顶枢轴线与底枢轴线应在同一轴线上,其同轴度公差为2.0 mm。顶枢装置见图4-9。

(3)支、枕座安装时,以顶部和底部支座或枕座中心的连线检查中间支、枕座的中心,其对称度公差应不大于2.0 mm,且与顶枢、底枢轴线的平行度公差应不大于3.0 mm。

(4)支、枕垫块安装应以枕垫块安装为基准,枕垫块的对称度公差为1.0 mm,垂直度公差为1.0 mm。不作止水的支、枕垫块间不应有大于0.2 mm的连续间隙,局部间隙不大于0.4 mm;兼作止水的支、枕垫块间不应有大于0.15 mm的连续间隙,局部间隙不大于0.3 mm;间隙累计长度应不超过支、枕垫块长度的10%。每对互相接触的支、枕垫块中心线的对称度公差C:不作止水的应不大于5.0 mm,兼作止水的应不大于3.0 mm。支、枕垫块如图4-10所示。

(5)旋转门叶从全开到全关过程中,斜接柱上任意一点的最大跳动量:当门宽小于或等于12 m时为1.0 mm;当门宽大于12 m小于或等于24 m时为1.5 mm;当门宽大于24 m时为2.0 mm。

(6)人字门背拉杆调整应在自由悬挂状态下进行,门叶底横梁在斜接柱下端点的位移:顺水流方向±2.0 mm,垂直方向±2.0 mm。

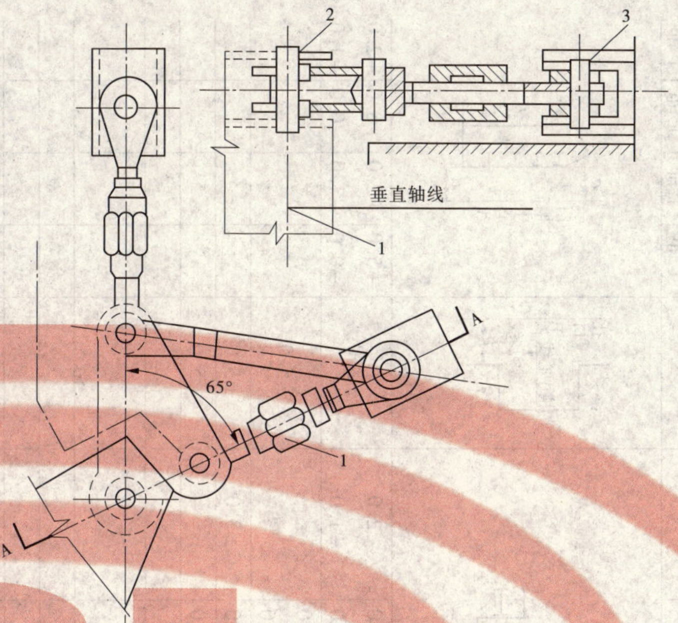

1—拉杆；2—轴；3—座板

图 4-9　顶枢装置

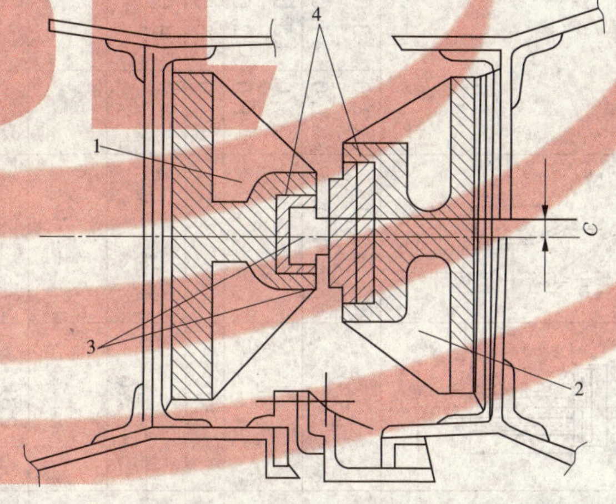

1—支座；2—枕座；3—垫块；4—填层

图 4-10　支、枕垫块

(7)人字闸门门体安装检验详见 SL 582—2012(5.8)。

四、闸门埋件安装质量检验

(一)闸门埋件安装质量

(1)平面闸门埋件安装的公差或极限偏差应符合表 4-13 的规定，弧形闸门埋件安装的公差或极限偏差应符合表 4-14 的规定。

表 4-13 平面闸门埋件安装的公差或极限偏差

（单位：mm）

序号	埋件名称		底槛	门楣	主轨		侧轨	反轨	止水板	护角兼作侧轨	胸墙			
											兼作止水		不兼作止水	
					加工	不加工					上部	下部	上部	下部
	简图		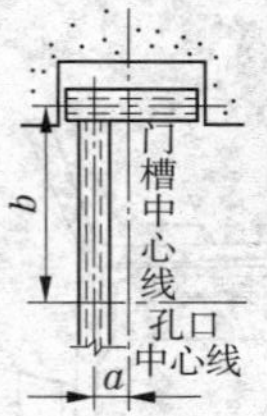	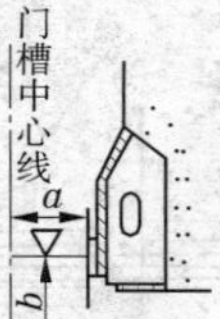	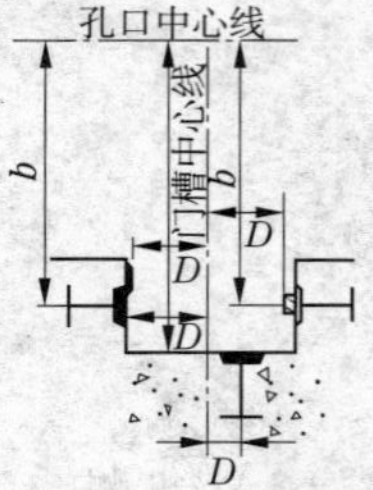						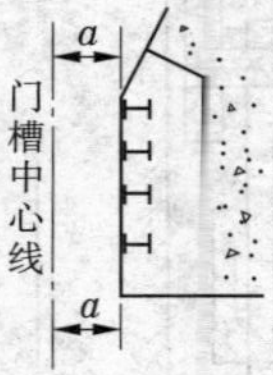			
1	门槽中心线（a）	工作范围内	±5.0	+2.0 −1.0	+2.0 −1.0	+3.0 −1.0	±5.0	+3.0 −1.0	+2.0 −1.0	±5.0	+5.0 −0.0	+2.0 −1.0	+8.0 −0.0	+2.0 −1.0
		工作范围外			+3.0 −1.0	+5.0 −2.0	±5.0	+5.0 −2.0		±5.0				
2	孔口中心线（b）	工作范围内	±5.0		±3.0	±3.0	±5.0	±3.0	±3.0	±5.0				
		工作范围外			±4.0	±4.0	±5.0	±5.0		±5.0				
3	高程	▽	±5.0											
4	门楣中心至底槛面的距离（h）			±3.0										
5	工作表面一端的高差	$L<10\ 000$	2.0											
		$L\geq 10\ 000$	3.0											
6	工作表面平面度	工作范围内	2.0	2.0	2.0				2.0		2.0	2.0	4.0	4.0
		工作范围外												
7	工作表面组合处的错位	工作范围内	1.0	0.5	0.5	1.0	1.0	1.0	0.5	1.0	1.0	1.0	1.0	1.0
		工作范围外			1.0	2.0	2.0	2.0		2.0				

续表 4-13

序号	埋件名称			底槛	门楣	主轨		侧轨	反轨	止水板	护角兼作侧轨	胸墙			
						加工	不加工					兼作止水		不兼作止水	
												上部	下部	上部	下部
	简图			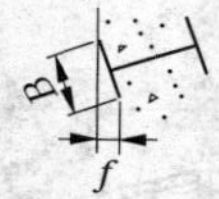	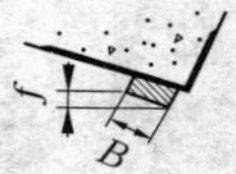	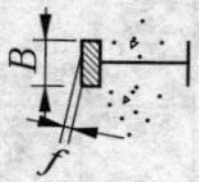					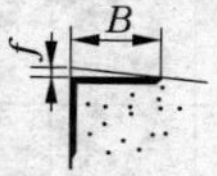				
8	表面扭曲值（f）	工作范围内表面宽度	$B<100$	1.0	1.0	0.5	1.0	2.0		2.0	1.0	2.0			
			$B=100\sim200$	1.5	1.5	1.0	2.0	2.5		2.5	1.5	2.5			
			$B>200$	2.0		1.0	2.0	3.0		3.0		3.0			
		工作范围外允许增加值				2.0	2.0	2.0		2.0		2.0			

注：(1)构件每米至少应测一点。

(2)胸墙下部系指和门楣组合处。

(3)门槽工作范围高度：静水启闭闸门为孔口高；动水启闭闸门为承压主轨高度。

(4)侧轮如为预压式弹性装置，则侧轨偏差按图样规定。

(5)组合处错位应磨成缓坡。

表 4-14　弧形闸门埋件安装的公差或极限偏差　（单位:mm）

序号	埋件名称		底槛	门楣	侧止水板		侧轮导板
					潜孔式	露顶式	
	简图		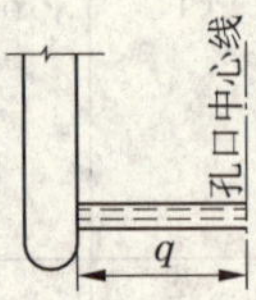	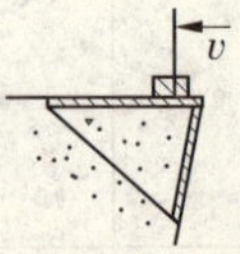	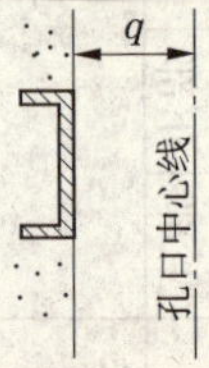		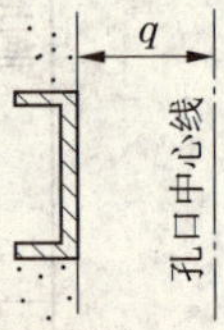
1	里程		±5.0	+2.0 −1.0			
2	高程		±0.5				
3	门楣中心至底槛面的距离(*h*)			±3.0			
4	孔口中心线(*b*)	工作范围内	±5.0		±2.0	+3.0 −2.0	+3.0 −2.0
		工作范围外			+4.0 −2.0	+6.0 −2.0	+6.0 −2.0
5	工作表面一端对另一端的高差	$L \geqslant 10\ 000$	3.0				
		$L < 10\ 000$	2.0				
6	工作表面平面度		2.0	2.0	2.0	2.0	2.0
7	工作表面组合处的错位		1.0	0.5	1.0	1.0	1.0
8	侧止水板和侧导轮板中心线的曲率半径				±5.0	±5.0	±5.0
9	表面扭曲值(*f*) 简图			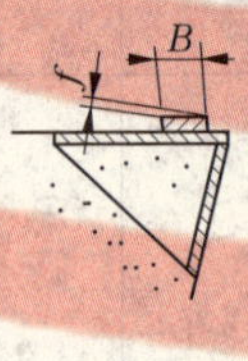			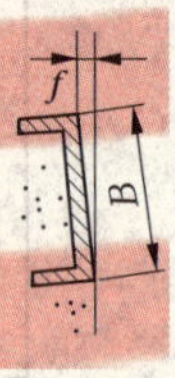
	表面扭曲值(*f*) 工作范围内表面宽度	$B < 100$	1.0	1.0	1.0	1.0	2.0
		$B = 100 \sim 200$	1.5	1.5	1.5	1.5	2.5
		$B > 200$	2.0		2.0	2.0	3.0
	表面扭曲值(*f*) 工作范围外允许增加值				2.0	2.0	2.0

(2)在高水头下运行采用突扩式门槽的弧门,侧轨上止水座基面中心线至孔口中心线的距离极限偏差为 ±2.0 mm,侧轨上止水座基面的曲率半径极限偏差为 ±3.0 mm,其偏差方向应与门叶面板外弧面的曲率半径偏差方向一致;侧轨上止水座基面至弧门外弧面间隙尺寸极限偏差应不大于 ±1.5 mm。

(二)闸门埋件安装检验

闸门埋件安装检验详见 SL 582—2012(5.2)。

第八节　闸门试验

闸门试验的主要内容包括:

(1)闸门安装好后,应在无水情况下做全行程启闭试验。试验前,应检查挂钩脱钩是否灵活可靠;充水阀在行程范围内的升降是否自如,在最低位置时止水是否严密,同时还须清除门叶上和门槽内所有杂物并检查吊杆的连接情况。启闭时,应在橡胶水封处浇水润滑。有条件时,工作闸门应做动水启闭试验,事故闸门应做动水关闭试验。

(2)闸门启闭过程中应检查滚轮、支铰及顶、底枢等转动部位运行情况,闸门升降或旋转过程有无卡阻,启闭设备左右两侧是否同步,橡胶水封有无损伤等。

(3)闸门全部处于工作部位后,应用灯光或其他方法检查橡胶水封的压缩程度,不应有透亮或间隙。如闸门为上游止水,则应在支承装置和轨道接触后检查。

(4)闸门在承受设计水头压力时,通过任意 1 m 长止水范围内漏水量每秒钟不应超过 0.1 L。

(5)闸门安装后,应按 GB/T 14173—2008 第 8.5 节的规定进行试验检查。

第五章　启闭机质量检验

第一节　概　述

本章主要阐述固定卷扬式启闭机、移动式启闭机、液压式启闭机和螺杆式启闭机质量检验的项目、方法、要求。

一、检验所需资料

启闭机质量检验所需的资料主要包括:

(1)启闭机设计图样、技术要求和制造工艺文件。

(2)主要材料质量证明书。

(3)外购件出厂合格证及使用维护说明书。

(4)主要零件及结构件的材质证明文件、化学成分、力学性能的测试报告。

(5)焊接件的焊缝质量检验记录与无损探伤报告。

(6)大型铸、锻件的探伤检验报告。

(7)主要零件的热处理试验记录。

(8)主要部件的装配检查记录。

(9)零部件的重大缺陷处理办法与返工后的检验报告。

(10)零件材料的代用通知单。

(11)设计修改通知单。

(12)产品的预装检查报告。

(13)出厂试验大纲。

二、检验仪器与工具

启闭机制造、安装质量检验所使用的测量仪器与工具应经法定计量检定机构检定合格并在有效期内。

三、检验主要规程、规范

启闭机质量检验主要规程、规范主要有:

(1)《水利水电工程启闭机制造安装及验收规范》(SL 381)。

(2)《水利水电工程启闭机设计规范》(SL 41)。

(3)《起重机设计规范》(GB/T 3811)。

(4)《液压系统通用技术条件》(GB/T 3766)。

(5)《梯形螺纹》(GB/T 5796)。

(6)《电气装置安装工程 盘、柜及二次回路接线施工及验收规范》(GB 50171)。

(7)《产品几何技术规范(GPS) 几何公差 形状、方向、位置和跳动公差标注》(GB/T 1182)。

(8)《形状和位置公差 未注公差值》(GB/T 1184)。

(9)《产品几何技术规范(GPS) 极限与配合 第2部分:标准公差等级和孔、轴极限偏差表》(GB/T 1800.2)。

(10)《产品几何技术规范(GPS) 极限与配合 公差带和配合的选择》(GB/T 1801)。

(11)《水工金属结构焊接通用技术条件》(SL 36)。

(12)《焊缝无损检测 超声检测 技术、检测等级和评定》(GB/T 11345)。

(13)《金属熔化焊焊接接头射线照相》(GB/T 3323)。

(14)《无损检测 焊缝磁粉检测》(JB/T 6061)。

(15)《无损检测 焊缝渗透检测》(JB/T 6062)。

(16)《厚钢板超声波检验方法》(GB/T 2970)。

(17)《钢锻件超声检测方法》(GB/T 6402)。

(18)《铸钢件 超声检测 第1部分:一般用途铸钢件》(GB/T 7233.1)。

(19)《铸钢件 超声检测 第2部分:高承压铸钢件》(GB/T 7233.2)。

(20)《水工金属结构防腐蚀规范》(SL 105)。

(21)《涂覆涂料前钢材表面处理 表面清洁度的目视评定 第1部分:未涂覆过的钢材表面和全面清除原有涂层后的钢材表面的锈蚀等级和处理等级》(GB/T 8923.1)。

(22)《涂覆涂料前钢材表面处理 表面清洁度的目视评定 第2部分:已涂覆过的钢材表面局部清除原有涂层后的处理等级》(GB/T 8923.2)。

(23)《涂覆涂料前钢材表面处理 表面清洁度的目视评定 第3部分:焊缝、边缘和其他区域的表面缺陷的处理等级》(GB/T 8923.3)。

(24)《涂覆涂料前钢材表面处理 表面清洁度的目视评定 第4部分:与高压水喷射处理有关的初始表面状态、处理等级和闪锈等级》(GB/T 8923.4)。

(25)《涂覆涂料前钢材表面处理 喷射清理后的钢材表面粗糙度特性 第1部分:用于评定喷射清理后钢材表面粗糙度的ISO表面粗糙度比较样块的技术要求和定义》(GB/T 13288.1)。

(26)《涂覆涂料前钢材表面处理 喷射清理后的钢材表面粗糙度特性 第2部分:磨料喷射清理后钢材表面粗糙度等级的测定方法 比较样块法》(GB/T 13288.2)。

(27)《涂覆涂料前钢材表面处理 喷射清理后的钢材表面粗糙度特性 第3部分:ISO表面粗糙度比较样块的校准和表面粗糙度的测定方法 显微镜调焦法》(GB/T 13288.3)。

(28)《涂覆涂料前钢材表面处理 喷射清理后的钢材表面粗糙度特性 第4部分:ISO表面粗糙度比较样块的校准和表面粗糙度的测定方法 触针法》(GB/T 13288.4)。

(29)《涂覆涂料前钢材表面处理 喷射清理后的钢材表面粗糙度特性 第5部分:表

面粗糙度的测定方法 复制带法》(GB/T 13288.5)。

(30)《色漆和清漆 漆膜的划格试验》(GB/T 9286)。

(31)《热喷涂金属和其他无机覆盖层 锌、铝及其合金》(GB/T 9793)。

(32)《水电水利工程金属结构设备防腐蚀技术规程》(DL/T 5358)。

(33)《钢结构工程施工质量验收规范》(GB 50205)。

(34)《通用桥式起重机》(GB/T 14405)。

(35)《水工金属结构制造安装质量检验通则》(SL 582)。

第二节　固定卷扬式启闭机

固定卷扬式启闭机结构紧凑、承载能力大、运行平稳可靠、安装维护方便,是水利水电工程应用最为广泛的一种启闭机。固定卷扬式启闭机主要由机架、起升机构及电气控制系统组成。其工作原理是:电动机通过联轴器和减速器相联,带动开式齿轮副和卷筒转动,卷筒上的钢丝绳又通过滑轮组实现吊具的升降。

一、机架质量检测

机架主要用于安装起升机构,并将荷载传递给基础,保证启闭机的正常运行。机架通常做成整体式结构,小容量启闭机的机架多采用型钢,大、中容量启闭机的机架多采用焊接工字梁或箱形梁。

(一)焊接质量检测

机架的所有焊缝均须进行外观检查,一类焊缝和二类焊缝必须进行无损探伤。详见第二章。

(二)螺栓连接质量检测

螺栓连接质量检测主要检查螺栓的拧紧扭矩是否达到规定力矩。每个节点抽检数量为螺栓数量的10%,且不少于2个。

螺栓拧紧扭矩检测可采用测力扳手等测量器具。

(三)构件尺寸偏差检测

构件尺寸偏差检测主要是对机架翼板和腹板焊接后的尺寸偏差进行检测。

检测项目主要有:

(1)翼板的平面度。用全站仪在被测要素上沿任意方向至少每米观察1点,将全部测点拟合计算,即可求得被测要素平面度。

(2)翼板的水平倾斜度。用全站仪在翼板两端点测出高差及水平距,即可求得翼板倾斜度。

(3)腹板的平面度。用1 m平尺紧靠被测面,用塞尺或钢直尺测平尺与被测面的间隙。

(4)腹板的垂直度。用水准仪、标尺、线锤、钢直尺测量:①基准边调水平,另一边两端点至铅垂线的距离差为所求垂直度;②基准边调铅垂,另一边两端点的标高差为所求垂直度。

(5)翼板相对于梁的中心线的对称度。用钢卷尺或钢直尺直接测量。

焊接构件尺寸偏差允许值见表5-1。

构件尺寸偏差检测可采用钢板尺、水平仪、钢丝线等检测器具。

表5-1　焊接构件尺寸偏差允许值

序号	项目	简图	偏差允许值(mm)
1	板梁结构件翼板的水平倾斜度： (1)单腹板梁； (2)箱形梁	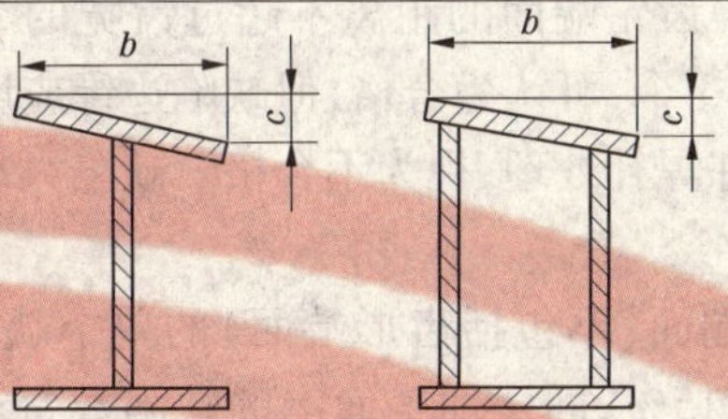	①$c\leqslant b/150\leqslant 2.0$； ②$c\leqslant b/200\leqslant 2.0$ (此值在长筋处测量)
2	梁翼板的平面度	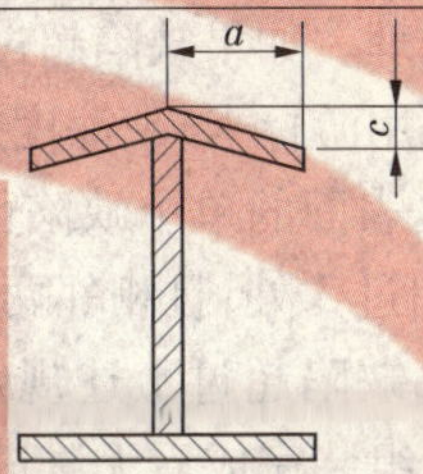	$c\leqslant a/150\leqslant 2.0$
3	梁腹板的垂直度	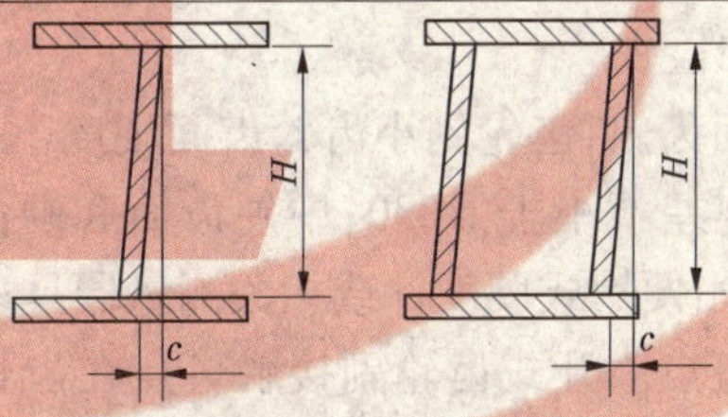	$c\leqslant H/500\leqslant 2.0$ (此值在长筋或节点处测量)
4	梁翼板相对于梁中心线的对称度	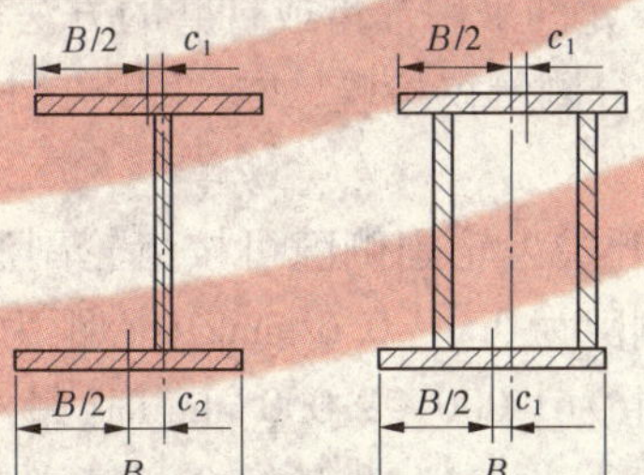	$c\leqslant 2.0$(c包含c_1、c_2)
5	梁腹板的平面度	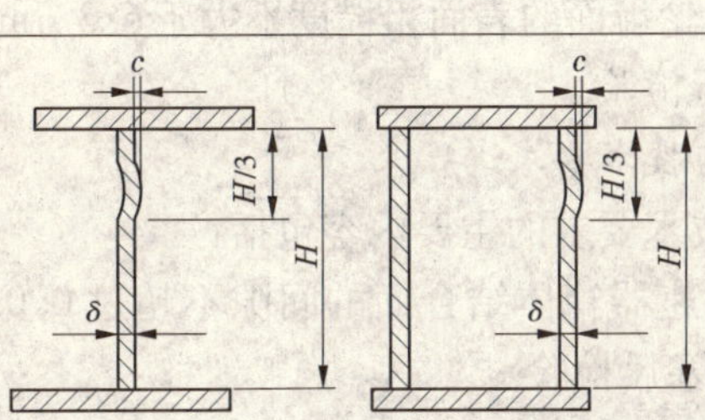	用1 m长平尺测量： ①在距上翼板的$H/3$区域，$c\leqslant 0.7\delta$； ②其余区域内，$c\leqslant 1.0\delta$

二、主要零部件质量检测

(一)开式齿轮副与减速器

1. 开式齿轮副检测项目与技术要求

开式齿轮副检测项目与技术要求的主要内容有:

(1)齿面缺陷。一个齿面(含齿槽)上的砂眼、气孔缺陷,缺陷的深度不超过模数的20%,数值不大于2 mm,距齿轮端面的距离不超过齿宽的10%,且在一个齿轮上有这种缺陷的轮齿齿数不超过3个,可认为合格,但缺陷边缘应磨钝。如果缺陷超过上述规定或出现裂纹缺陷,不允许焊补处理,视为不合格。缺陷大小采用游标卡尺、深度尺、放大镜、着色剂等进行检测。

(2)端面缺陷。齿轮端面(不包括齿形端面)的单个缺陷面积不超过200 mm^2,深度不超过该处名义厚度的15%,同一加工面上的缺陷数量不超过2处,且相邻两缺陷的间距不小于50 mm,允许焊补处理。如果缺陷超过上述规定或出现裂纹缺陷,不再焊补处理,视为不合格。缺陷大小采用游标卡尺、深度尺、放大镜、着色剂等进行检测。

(3)轴孔表面缺陷。齿轮轴孔表面的单个缺陷面积不超过25 mm^2,深度不超过该处名义壁厚的20%,缺陷数量不超过3处,且相邻两缺陷的间距不小于50 mm,可认为合格,但缺陷的边缘要磨钝。如果缺陷超过上述规定或出现裂纹缺陷,不允许焊补处理,视为不合格。该项检测在齿轮组装完成后无法进行,制造厂家应进行自检并做好记录备查,必要时可要求拆卸检查。

(4)齿面硬度。软齿面齿轮,齿轮副小齿轮齿面硬度不低于HB240,大齿轮齿面硬度不低于HB190,两者硬度差不小于HB30;中硬齿面和硬齿面齿轮,其齿面硬度应符合设计要求。齿面硬度采用便携式硬度计或相关测量器具进行检测。

(5)开式齿轮副接触斑点。开式齿轮副接触斑点在齿长方向累计不小于50%,齿高方向累计不小于40%。不允许采用锉齿或打磨的方法来达到规定的接触斑点要求。齿轮副接触斑点采用齿轮综合测量仪检验,或者采用红丹粉或普鲁士兰等颜料,通过目测判断或直尺测量。

(6)开式齿轮副侧隙。开式齿轮副侧隙可按齿轮副法向侧隙测量,齿轮副中心距小于500 mm时,最小法向侧隙为0.3~0.6 mm;中心距为500~1 000 mm时,最小法向侧隙为0.4~0.8 mm;中心距为1 000~2 000 mm时,最小法向侧隙为0.6~1.0 mm。齿轮副侧隙采用齿厚游标卡尺、齿厚仪、齿轮综合测量仪或塞尺等测量器具测量。

(7)齿面粗糙度。齿轮齿面的表面粗糙度不大于6.3 μm。齿面粗糙度采用便携式粗糙度计或比较试块进行检验。

2. 减速器检测项目与技术要求

减速器检测项目与技术要求的主要内容包括:

(1)箱体结合面。减速器箱体结合面的间隙不超过0.03 mm,外边缘的错边量不大于2 mm。采用直尺和塞尺检验。

(2)运转噪声。减速器以不低于工作转速无载荷运转时,在壳体剖分面等高线上,距减速器前后左右1 m处测量噪声，噪声值不大于85 dB(A)。减速器运转噪声可采用噪声声级计或相关测量仪器检测。

(二)卷筒

卷筒质量检测项目与技术要求的主要内容包括：

(1)壁厚。卷筒加工后的各处壁厚要大于名义厚度。

(2)砂眼、气孔缺陷。铸造卷筒加工面局部可以有砂眼、气孔缺陷，但其直径不能大于8 mm，深度不能大于4 mm，每200 mm长度内不多于1处，卷筒全部加工面上的总数不多于5处；砂眼、气孔缺陷可以不作焊补处理。

(3)其他缺陷。对于铸造卷筒存在的其他缺陷，在进行表面处理直到露出良好金属后，如果单个缺陷面积小于300 mm^2，深度不超过卷筒名义壁厚的20%，同一断面或长度200 mm范围内缺陷数量不多于2处，或缺陷总数量不多于5处，允许对缺陷进行焊补处理。如果缺陷超过上述规定，不允许焊补处理，作报废处理。缺陷大小采用游标卡尺、深度尺、放大镜、着色剂等测量器具检测。

(4)裂纹缺陷。卷筒上不能有裂纹缺陷，一旦发现裂纹缺陷，直接报废。裂纹缺陷采用目测、放大镜、着色剂或磁粉探伤方法检测。

(5)焊缝探伤。卷筒分段连接的对接焊缝为一类焊缝，必须进行外观检查和无损探伤。

(三)制动轮与制动器

1. 制动轮检测项目与技术要求

制动轮检测项目与技术要求的主要内容包括：

(1)表面粗糙度。制动轮工作表面粗糙度不大于1.6 μm。表面粗糙度采用便携式粗糙度计或比较试块进行检验。

(2)表面硬度。制动轮工作表面硬度应达到HRC35～HRC45。表面硬度采用便携式硬度计或相关测量器具进行检测。

(3)表面缺陷。加工后的制动轮工作表面不得有砂眼、气孔和裂纹等缺陷，一旦发现上述缺陷，不允许焊补处理，直接报废。表面缺陷采用目测、放大镜、着色剂或磁粉探伤方法检测。

(4)轴孔缺陷。制动轮轴孔表面允许存在少量缺陷。如果轴孔表面单个缺陷的面积不超过25 mm^2，深度不超过4 mm，缺陷数量不超过2处，且相邻两缺陷的间距不小于50 mm时，可认为合格，但应将缺陷的边缘磨钝。该项检测在制动轮组装完成后无法进行，制造厂家应进行自检并做好记录备查，必要时可要求拆卸检查。缺陷大小采用游标卡尺、深度尺、放大镜、着色剂等进行检测。

(5)其他部位的缺陷。制动轮其他部位的缺陷在进行表面处理直到露出良好金属后，如果单个面积不大于200 mm^2，深度不超过该处名义壁厚的20%，且同一加工面上缺陷不多于2个，允许焊补处理。缺陷大小采用游标卡尺、深度尺、放大镜、着色剂等进行检测。

(6)如果缺陷超过上述规定或出现裂纹缺陷，不允许焊补处理，直接报废。

2. 制动器检测项目与技术要求

制动器检测项目与技术要求的主要内容包括：

(1)接触面积。制动带与制动轮的实际接触面积不小于总面积的75%。接触面积采用目测法判断，或者采用红丹粉或普鲁士兰等颜料检验。

(2)间隙。制动轮和闸瓦之间的间隙应处于0.5~1.0 mm。采用直尺和塞尺进行检验。

(四)滑轮组

滑轮组检测项目与技术要求的主要内容包括：

(1)壁厚。滑轮绳槽两侧加工后的壁厚不小于设计名义尺寸。

(2)表面粗糙度。滑轮绳槽表面粗糙度不低于12.5 mm。表面粗糙度采用便携式粗糙度计或比较试块进行检验。

(3)表面缺陷。滑轮绳槽表面缺陷在进行表面处理直到露出良好金属后，如果单个缺陷面积不大于10 mm^2，深度不超过该处名义壁厚的10%，同一个加工面上缺陷数量不超过2个，可以进行焊补处理。如果缺陷超过上述规定或出现裂纹缺陷，不允许焊补处理，直接报废。

(4)轴孔缺陷。滑轮轴孔表面允许存在少量缺陷。如果轴孔表面单个缺陷的面积不超过25 mm^2，深度不超过1 mm，缺陷数量不超过3个，且任何相邻两缺陷的间距不小于50 mm，可认为合格，但应将缺陷边缘磨钝。

如果缺陷超过上述规定或出现裂纹缺陷，不允许焊补处理，直接报废。

该项检测在滑轮组装完成后无法进行，制造厂家应进行自检并做好记录备查，必要时可要求拆卸检查。

缺陷大小采用游标卡尺、深度尺、放大镜、着色剂等进行检测。

(五)钢丝绳

钢丝绳检测项目与技术要求的主要内容包括：

(1)钢丝绳存在波浪形、笼状畸变、绳股挤出、钢丝挤出、绳径局部增大、绳径局部减小、扭结、局部压扁、弯折、断丝等中的任一情况时，应禁止使用。

(2)钢丝绳禁止接长使用。

(六)联轴器

联轴器检测项目与技术要求的主要内容包括：

(1)齿轮联轴器齿面允许存在少量的砂眼、气孔等缺陷。如果单个缺陷的长、宽、深都不超过模数的20%，且数值不大于2 mm，距离齿的端面距离不超过齿宽的10%，存在缺陷的齿数不超过3个时，可认为合格，但应将缺陷的边缘磨钝。

(2)联轴器轴孔表面单个缺陷面积不超过25 mm^2，深度不超过该处名义壁厚的20%，缺陷数量不超过2个，且相邻两缺陷的间距不小于50 mm时，可认为合格，但应将缺陷的边缘磨钝。

(3)联轴器其他部位的缺陷在进行表面处理直到露出良好金属后，如果单个缺陷的面积不大于200 mm^2，深度不超过该处名义壁厚的20%，且同一加工面上不多于2

个，允许进行焊补处理。

(4)联轴器存在的缺陷超过上述规定或出现裂纹缺陷时，不允许焊补处理，直接报废。

联轴器质量检测要在组装之前进行，制造厂家应进行自检并做好记录备查，必要时可要求拆卸检查。

缺陷大小采用游标卡尺、深度尺、放大镜、着色剂等进行检测。

三、安装质量检测

安装质量检测的主要内容包括：

(1)所有零部件经检验合格后，厂内应进行机架、电机、减速器、制动器、齿轮副、卷筒等部件的整体组装，滑轮组、吊具、电气控制及操作系统的部件组装。产品组装好后，应进行出厂前试验，空载运行时间不少于30 min。

(2)产品到达现场进行现场验收合格后，方可进行安装。

(3)启闭机平台。平台的高程偏差不超过±5 mm，水平偏差不大于0.5/1 000。启闭机的纵、横向中心线偏差不超过±3 mm。采用水平仪、经纬仪检查。

(4)钢丝绳缠绕圈数。当吊点在下极限位置时，钢丝绳留在卷筒上的缠绕圈数不少于4圈，其中2圈作为固定用，另外2圈为安全圈；当吊点处于上极限位置时，钢丝绳不能缠绕到卷筒绳槽以外。

(5)吊距偏差与吊点高差。对于双吊点启闭机，吊距偏差不超过±3 mm；当闸门处于门槽内的任意位置时，闸门吊耳轴中心线的水平偏差(吊点高差)满足设计要求。

(6)高度指示装置。高度指示装置的示值精度不低于1%，具有可调节定值极限位置、自动切断主回路及报警功能。

(7)荷载控制装置。荷载控制装置的系统精度不低于2%，传感器精度不低于0.5%，当载荷达到110%额定启闭力时，具有自动切断主回路和报警功能。

四、试验检测

(一)电气设备试验

(1)接电试验前检查全部接线，应符合图样规定，线路的绝缘电阻应大于0.5 MΩ。采用兆欧表进行检测。

(2)试验中电动机和电气元件温升不能超过各自的允许值，试验应采用该机自身的电气设备。元件触头有烧灼者应予更换。

(二)无荷载试验

启闭机无荷载试验是指吊具上不带闸门的运行试验，在全行程内往返进行3次。试验检测项目和技术要求如下所述：

(1)电动机三相电流不平衡度不超过10%，电气设备无异常发热现象。电流表同时记录三相电流值。不平衡度 = $|I_{单相} - I_{平均}|_{max} \div I_{平均} \times 100\%$。

(2)启闭机运行到行程的上、下极限位置,主令开关能发出信号并自动切断电源,使启闭机停止运转。

(3)所有机械部件运转时,无冲击声和其他异常声音,钢丝绳在任何部位,均不会与其他部件相摩擦。

(4)制动器松闸时,闸瓦能够全部打开,闸瓦与制动轮的间隙在 0.5 ~ 1.0 mm。

(5)快速闸门启闭机利用直流松闸时,松闸电流值不大于名义最大电流值。松闸持续 2 min 时,电磁线圈的温度应不大于 100 ℃。用红外测温仪检测温度和温升。

(6)所有轴承和齿轮均具有良好的润滑性,轴承温度不超过 65 ℃。用红外测温仪检测温度。

(三)荷载试验

启闭机荷载试验是指吊具上带闸门的运行试验,最好在设计水头工况下进行。对于动水启、闭的工作闸门启闭机或动水闭、静水启的事故闸门启闭机,要选择合适的时机,在动水工况下闭门 2 次。试验的检测项目和技术要求如下所述:

(1)电动机三相电流不平衡度不超过 10%,电气设备无异常发热现象,所有保护装置和信号准确可靠。电流表同时记录三相电流值。不平衡度 = $|I_{单相} - I_{平均}|_{max} \div I_{平均} \times 100\%$。

(2)所有机械部件在运转中没有冲击声,开式齿轮啮合状态满足要求。

(3)制动器无打滑、无焦味和冒烟现象。

(4)荷载控制装置显示的闸门在启、闭过程中的启、闭力值在正常范围内。

(5)启闭机快速闭门时间符合设计要求,快速关闭的最大速度不超过 5 m/min;电动机(或调速器)的最大转速不超过电动机额定转速的两倍;离心式调速器的摩擦面温度不超过 200 ℃。用红外测温仪检测温度。

(6)试验结束后,机构各部分没有破裂、永久变形、连接松动或损坏;电气部分无异常发热现象等影响性能和安全的质量问题。

电流检测采用电流表,温度检测采用非接触式红外线温度计,间隙检测采用塞尺进行。

第三节　移动式启闭机

移动式启闭机主要用于操作水工建筑物上多孔共用的闸门或移动存放的闸门。移动式启闭机主要由门架(桥架)、起升机构、行走机构、轨道、安全装置及电气控制系统组成。

一、门架(桥架)质量检测

(一)构件尺寸偏差检测

构件尺寸偏差检测主要是对门架(桥架)翼板和腹板焊接后的尺寸偏差进行检测。

检测项目及偏差尺寸允许值与固定卷扬式启闭机相同,详见表 5-1。

(二)整体尺寸检测

门架(桥架)组装完成后,需要对整体的结构尺寸进行检测,检测项目及技术要求如下所述:

(1)主梁跨中上拱度 F。$F=(0.9\sim1.4)L/1\ 000$;最大上拱度的位置在主梁跨度中部的 $L/10$ 范围内,如图 5-1(a)所示。

悬臂端上翘度 F_0。$F_0=(0.9\sim1.4)L/350$,如图 5-1(b)所示。

上拱度与上翘度都要在无日照温度影响的情况下进行测量。

(2)主梁水平弯曲 f。f 值小于 $L/2\ 000$,且最大不超过 20 mm。测量位置在离上翼缘约 100 mm 的腹板处,如图 5-1(c)所示。

(3)门架(桥架)对角线差 $|D_1-D_2|$。$|D_1-D_2|$ 不大于 5 mm,如图 5-1(c)所示。

(4)主梁上翼缘水平偏斜 b。b 值小于 $B/200$(B 为主梁上翼缘宽度),测量点位于长筋板处,如图 5-1(d)所示。

(5)主梁腹板垂直偏斜 h。h 值小于 $H/500$(H 为主梁腹板高度),测量点位于长筋板处,如图 5-1(e)所示。

(6)腹板波浪度。在离上翼缘 $\frac{1}{3}H$ 以内的区域,测值小于 0.7δ;其余区域测值小于 1.0δ(δ 为腹板厚度),如图 5-1(f)所示。腹板波浪度用 1 m 平尺检查。

(7)门架支腿高度相对差。从车轮工作面到支腿上法兰平面的高度相对差值小于 8 mm。

整体尺寸检测采用全站仪、水平仪、经纬仪等进行。

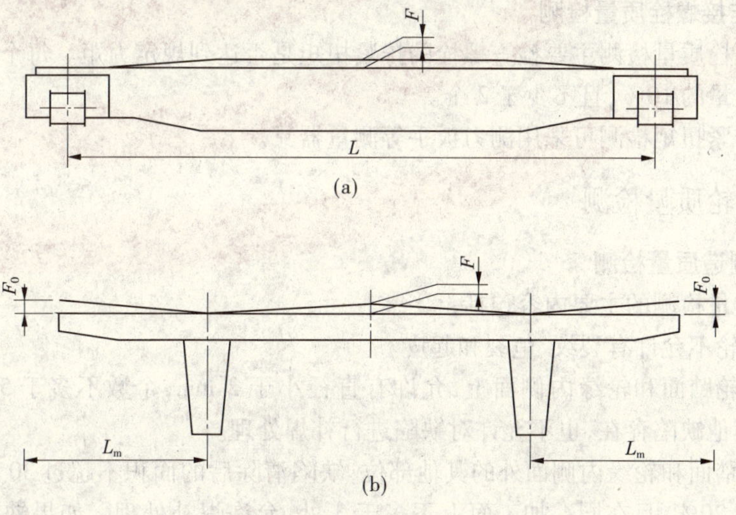

图 5-1　结构尺寸检测示意

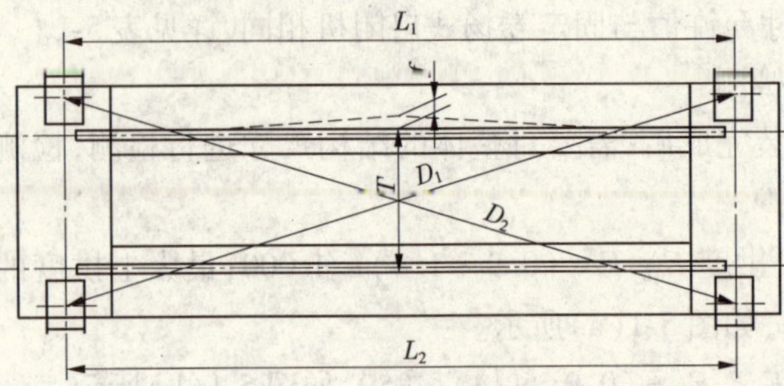

(c)

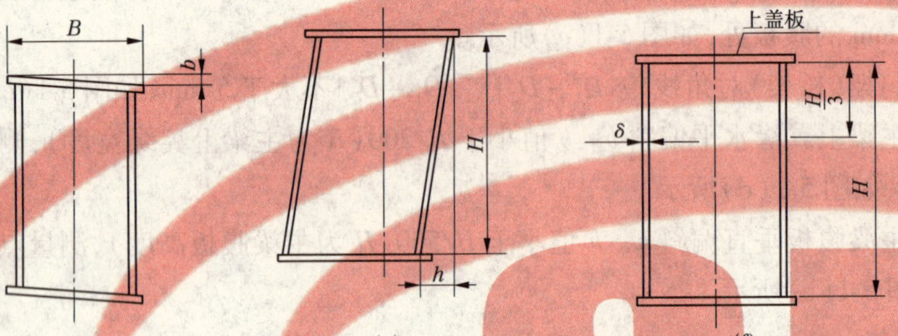

(d)　(e)　(f)

续图 5-1

（三）连接焊缝质量检测

门架（桥架）的所有焊缝都必须进行外观检查，一类焊缝和二类焊缝必须进行无损探伤。详见第二章。

（四）连接螺栓质量检测

连接螺栓质量检测主要检查螺栓的拧紧扭矩是否达到规定力矩。每个节点抽检数量为螺栓数量的 10%，且不少于 2 个。

螺栓拧紧扭矩检测可采用测力扳手等测量器具。

二、车轮质量检测

（一）制造质量检测

制造质量检测的主要内容包括：

（1）车轮不允许有裂纹、龟裂和起皮。

（2）车轮踏面和轮缘内侧面上，允许有直径小于 2 mm，个数不多于 5 处的麻点。不允许有其他缺陷存在，也不允许对缺陷进行补焊处理。

（3）除踏面和轮缘内侧面外的其他部位，缺陷清除后的面积不超过 30 mm，深度不超过壁厚的 20%，且在同一加工面上不多于 3 处，允许焊补处理。如果缺陷超过上述规定，不允许焊补处理。

（4）车轮踏面与轮缘内侧表面的硬度不小于 HB300。淬硬层深度 15 mm 处的硬度应不小于 HB260。

(5)车轮轴孔内允许有不超过表面积10%的轻度缩松及深度小于2 mm、间距不小于50 mm、数量不大于3个的缺陷,但应将缺陷的边缘磨钝。该项检测主要由制造厂家质量检验员自检并做好记录。缺陷大小采用游标卡尺、深度尺、放大镜、着色剂等进行检测。表面硬度采用便携式硬度计或相关测量器具进行检测。

(二)安装质量检测

安装质量检测的主要内容包括:

(1)跨度偏差不大于±5 mm,跨度的相对差$|L_1-L_2|$小于5 mm。如图5-2(a)所示。

(2)车轮的垂直偏斜量a。a值不大于$L/400$ mm(L为测量长度)。垂直偏斜量要求在车轮架空的情况下测量。如图5-2(b)所示。

(3)车轮的水平偏斜量P。P值不大于$L/1\ 000$(L为测量长度)。同一轴线上车轮的偏斜方向应相反。如图5-2(c)所示。

(4)车轮的同位差。同一端梁下,两个车轮时,车轮的同位差小于2 mm;两个以上车轮时,车轮的同位差小于3 mm。在同一平衡梁上,车轮的同位差不大于1 mm。如图5-2(d)所示。

安装质量检测可采用全站仪、水平仪、经纬仪等仪器。

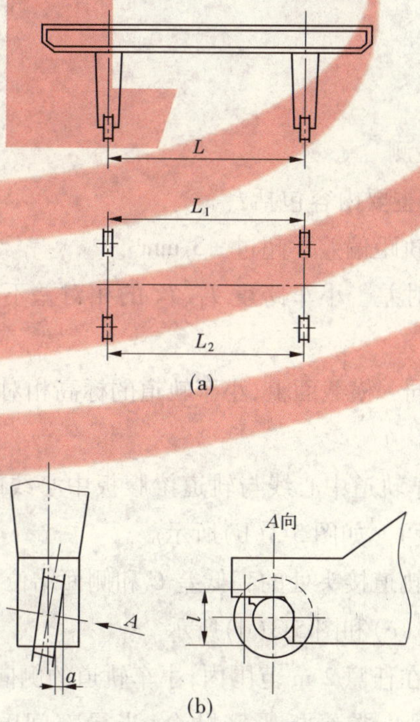

图5-2　车轮安装质量检测示意

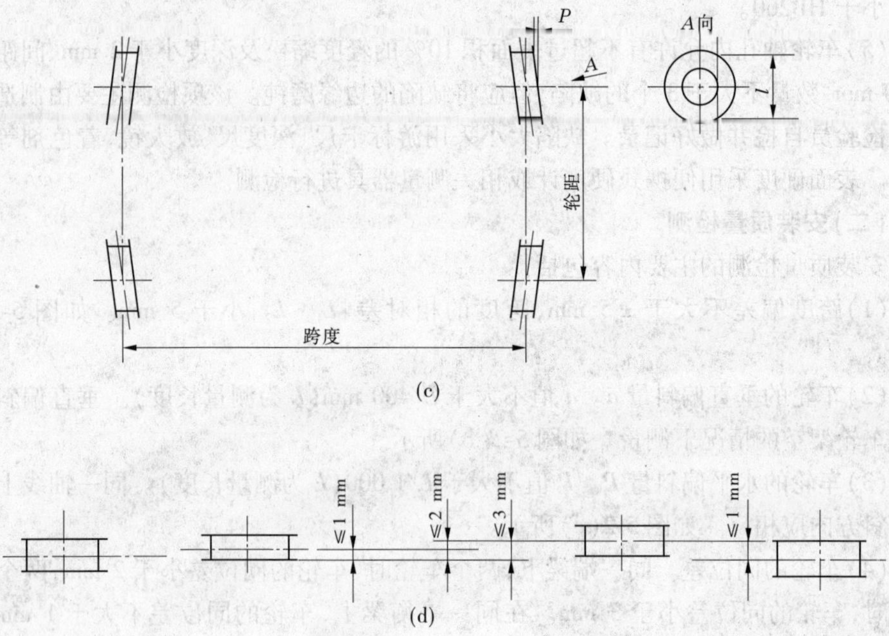

续图 5-2

三、轨道质量检测

(一)小车轨道质量检测

小车轨道质量检测的主要内容包括:

(1)轨距偏差。小车轨距偏差不超过 ±3 mm。

(2)跨度 T_1、T_2 的相对差。小车跨度 T_1、T_2 的相对差不大于 3 mm。如图 5-1(c)所示。

(3)标高相对差 C。同一横截面上,小车轨道的标高相对差 C 的测值不大于 3 mm。如图 5-3(a)所示。

(4)位置偏差 d。小车轨道中心线与轨道梁腹板中心线的位置偏差 d 的测值小于 0.5δ(δ 为轨道梁腹板厚度)。如图 5-3(b)所示。

(5)接头偏差。小车轨道接头处的高低差 C 和侧面错位 g 均不大于 1 mm,接头间隙不大于 2 mm。如图 5-3(c)和图 5-3(d)所示。

(6)侧向局部弯曲。在任意 2 m 范围内,小车轨道的侧向局部弯曲不大于 1 mm。

(7)小车轨道与主梁上翼缘板紧密贴合,当局部间隙大于 0.5 mm,长度超过 200 mm时,应加垫板垫实。

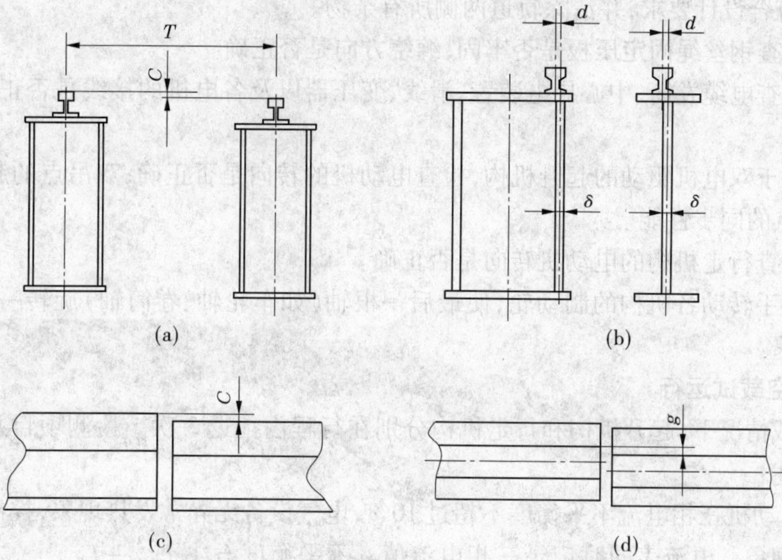

图 5-3　小车轨道安装质量检测示意

(二)大车轨道质量检测

大车轨道质量检测的主要内容包括：

(1)轨距偏差。大车轨距偏差不超过 ±5 mm。

(2)侧向局部弯曲。在任意 2 m 范围内，大车轨道的侧向局部弯曲不大于 1 mm。

(3)高低差。在全行程范围内，每条轨道最高点与最低点之差不大于 2 mm。

(4)标高相对差。同一横截面上，大车轨道的标高相对差不大于 5 mm。

(5)接头偏差。大车轨道接头处高低差和侧面错位均不大于 1 mm，接头间隙不大于 2 mm。两平行轨道接头位置应错开。

轨道质量检测可采用全站仪、水平仪、经纬仪、直尺、塞尺等量测仪器和工具。

四、主要零部件质量检测

移动式启闭机起升机构主要零部件质量检测的项目及要求与固定卷扬式启闭机相同，详见本章第二节。

五、试验检测

(一)试验准备

试验准备工作的主要内容包括：

(1)行走机构在车轮架空的情况下进行空运转试验，起升机构在不带钢丝绳及吊钩的情况下进行空运转试验。分别开动各机构，作正、反向运转，试验累计时间各 30 min以上，检查各机构运转是否正常。

(2)检查所有机械部件、连接部件、各种保护装置及润滑系统等的安装、注油情况，其结果应符合设计要求,并清除轨道两侧所有杂物。

(3)检查钢丝绳固定压板是否牢固,缠绕方向是否正确。

(4)检查电缆卷筒、中心导电装置、滑线、变压器以及各电机的接线是否正确,接地是否良好。

(5)对于双电机驱动的起升机构,检查电动机的转向是否正确;双吊点的起升机构要检查吊点的同步性能。

(6)检查行走机构的电动机转向是否正确。

(7)用手转动各机构的制动轮,使最后一根轴(如车轮轴、卷筒轴)旋转一周,不得有卡阻现象。

(二)空载试运行

在空载情况下,起升机构和行走机构分别在行程内往返3次。检测项目及技术要求如下所述:

(1)电动机三相电流不平衡度不超过10%,电气设备无异常发热现象,控制器的触头无烧灼现象。电流表同时记录三相电流值。不平衡度 = $|I_{单相} - I_{平均}|_{max} \div I_{平均} \times 100\%$。

(2)限位开关、保护装置及联锁装置等动作正确可靠。

(3)大车、小车行走时,车轮没有啃轨现象。导电装置平稳,没有卡阻、跳动及严重冒火花现象。

(4)所有机械部件运转时,均没有冲击声和其他异常声音。

(5)在运转过程中,制动闸瓦应全部离开制动轮,不应有任何摩擦。

(6)所有轴承和齿轮均有良好的润滑,轴承温度不超过65 ℃。用红外测温仪检测温度。

(7)在无其他噪声干扰的情况下,在司机座(不开窗)测量的噪声不大于85 dB(A)。用噪声计检测噪声。

(8)双吊点启闭机吊耳轴中心线的水平偏差检测或双吊点同步的检测值满足要求。

电流检测采用电流表,温度检测采用非接触式红外线温度计,间隙检测采用塞尺进行。噪声检测可采用噪声声级计或相关测量仪器检测。

(三)静载试验

静载试验的目的是检验启闭机各部件和金属结构的承载能力。试验内容、检测项目及技术要求如下所述:

(1)将小车开至门机支腿处或桥机跨端,在空载状态下,测量主梁跨中实际上拱度和悬壁端的实际上翘度。主梁跨中上拱度不小于$\frac{0.7}{1\ 000}L$,悬臂端上翘度不小于$\frac{0.7}{350}L_1$。

(2)将小车分别停在主梁跨中和悬臂端,逐级加载,试验载荷由75%的额定载荷逐步增至125%的额定载荷,离地面100~200 mm,停留时间不少于10 min,测量门架或桥架挠度。

在额定载荷下，主梁实测挠度值（由实际上拱度算起）不大于 $L/700$，悬臂端实测挠度值（由实际上翘度算起）不大于 $L_1/350$。

（3）卸去载荷，测量门架或桥架的变形。门架或桥架不能产生永久变形。

（4）静载试验结束后，各部件和金属结构各部分不能有破裂、永久变形、连接松动或损坏等影响性能和安全的质量问题出现。

（5）根据设计或业主要求，有时需要进行结构承载能力检测，也就是结构应力检测。应力检测结果要满足设计要求。

主梁的上拱度、上翘度、挠度检测可采用全站仪、水平仪、经纬仪等量测仪器和工具。应力检测可采用动静态应力检测系统。

（四）动载试验

动载试验的目的主要是检查机构和制动器的工作性能。试验内容、检测项目及技术要求如下所述：

（1）由 75% 的额定载荷逐步增至 110% 的额定载荷，作重复的起升、下降、停车、起升、下降等动作，延续时间至少 1 h。要求各机构动作灵敏、工作平稳可靠，各限位开关、安全保护联锁装置应动作正确、可靠，各连接处不得松动。

（2）对于移动式启闭机，要进行行走试验。行走试验的荷载为 1.10 倍设计行走荷载。试验时，按实际使用情况使启闭机处于最不利运行工况。

（3）行走试验时，主要检查门架或台车架的摆动情况，是否有碍正常运行，并记录最大摆幅。还要检查行走机构的制动装置是否灵活，车轮与轨道的配合是否正常，有无啃轨现象。

第四节　液压式启闭机

液压式启闭机具有传动效率高、运行平稳、启闭容量大、结构紧凑、质量轻等优点。随着机械加工水平的不断发展，液压启闭机的质量不断提高，在水利水电工程中的应用日渐普遍，并已成为水利水电工程启闭机发展的主要方向。

液压式启闭机实际上是一个液压传动系统，主要由油泵、油缸、控制调节装置、辅助装置等组成。油泵带动油缸内的活塞沿缸体内壁做轴向往复运动，从而带动连接在活塞上的连杆和闸门，以达到开启、关闭孔口的目的。

一、油缸制造质量检测

油缸制造质量检测的主要内容包括：

（1）缸体对接焊缝、缸体与法兰的连接焊缝、活塞杆分段连接的对接焊缝均为一类焊缝，必须进行外观检查和无损探伤。无损探伤的具体操作方法和评定标准，详见第二章。

（2）活塞杆表面如采取堆焊不锈钢，加工后的不锈钢层厚度不小于 1 mm。如采取镀铬防锈，先镀 0.04 ~ 0.06 mm 乳白铬，再镀 0.04 ~ 0.06 mm 硬铬，单边镀层厚度要达到 0.08 ~ 0.10 mm。检测可采用超声波测厚仪或涂层测厚仪进行。

二、出厂试验检测

出厂试验主要进行空载试验、最低动作压力试验、耐压试验、外泄漏试验、内泄漏试验等,各项试验的检测内容及技术要求如下所述:

(1)空载试验:在无负荷情况下,液压缸往复运动2次,检查是否出现外部漏油及爬行等现象。

(2)最低动作压力试验:不加负荷,测量液压缸无杆腔液压从零增到活塞杆移动时的最低启动压力,其值不得大于0.5 MPa。

(3)耐压试验:液压缸的额定压力小于或等于16 MPa时,试验压力为额定压力的1.5倍;大于16 MPa时,试验压力为额定压力的1.25倍;在试验压力下保持10 min以上,检查是否有外部漏油、永久变形和破坏现象。

(4)外泄漏试验:在额定压力下,将活塞停于油缸一端,保压30 min,检查是否有外部泄漏现象。

(5)内泄漏试验:在额定压力下,将活塞停于油缸一端,保压10 min,检测内泄漏量。每分钟内泄漏量不得超过$(D^2-d^2)/200$ mL(D为缸径,单位为cm;d为活塞杆直径,单位为cm)。

三、安装质量检测

安装质量检测的主要内容包括:

(1)液压式启闭机机架的横向中心线与实际起吊中心线的距离不超过±2 mm;高程偏差不超过±5 mm。双吊点液压式启闭机支承面的高差不超过±0.5 mm。

(2)机架钢梁与推力支座的组合面不得有大于0.05 mm的通隙,其局部间隙不大于0.1 mm,宽度方向不超过组合面宽度的1/3,累计长度不超过周长的20%,推力支座顶面水平偏差不大于0.2/1 000。

安装质量检测可采用全站仪、水平仪、经纬仪、直尺、塞尺等量测仪器和工具。

四、现场试验检测

(一)试验要求

试验要求的主要内容包括:

(1)运行试验前,运行区域内的一切障碍物要清除干净,保证闸门及油缸运行不受卡阻。

(2)环境温度不低于设计工况的最低温度。

(3)液压油型号、油量、油位及过滤精度要符合设计要求。

(4)操作机构及其附件操作灵活,各种辅助开关触点分合正确。线路的绝缘电阻不小于0.5 MΩ。采用兆欧表对线路的绝缘电阻进行检测。

(二)试验检测的内容及要求

试验检测的内容及要求包括:

(1)油泵第一次启动时,将油泵溢流阀全部打开,连续空转 30 min,检查油泵的运转状况。

(2)油泵空转正常后,将溢流阀逐渐旋紧使管路系统充油,管路充满油后,调整油泵溢流阀,使油泵在其工作压力的50%、75%和100%的情况下分别连续运转5 min,检查系统的运转状况。系统无振动、杂音和升温过高等现象,阀件及管路无漏油现象。

(3)调整油泵溢流阀,使油泵在其工作压力的1.1倍时动作排油,检查系统有无剧烈振动和杂音。

(4)手动操作启闭闸门,检验液压缸缓冲装置减速情况和闸门有无卡阻现象,并记录运行水头、闸门全开过程的系统压力值。手动操作试验无误后,方可进行自动操作试验。

(5)快速关闭闸门试验时,记录闸门提升、快速关闭、持住力、缓冲的时间和当时库水位及系统压力值,并做好切断油路的应急准备,以防闸门过速下降。

(6)闸门沉降试验要满足以下规定:在24 h内,闸门因液压缸的内部漏油而产生的沉降量不大于100 mm;24 h后,闸门沉降量超过100 mm时,要有警示信号提示,闸门沉降量超过200 mm时,液压系统具备自动复位的功能。72 h内自动复位次数不大于2次。

第五节　螺杆式启闭机

螺杆式启闭机由起重螺杆、承重螺母、传动机构、机架及安全保护装置等部分组成。螺杆支承在承重螺母内,螺母固定在传动机构的齿轮或涡轮上,螺杆下端通过吊头与闸门相连。传动机构通过齿轮或涡轮驱动承重螺母转动,使起重螺杆运动,从而达到开启或关闭闸门的目的。

一、制造质量检测

螺杆式启闭机制造质量检测的主要内容包括:

(1)螺杆直线度误差在每1 000 mm内不超过0.6 mm;长度不超过5 m时,全长直线度误差不超过1.5 mm;长度不超过8 m时,全长直线度误差不超过2.0 mm。

(2)螺距公差不大于0.025 mm,螺距累积公差在丝杆全长上不大于0.2 mm。

(3)螺纹工作表面光洁,无毛刺、缺损,表面粗糙度应不大于6.3 μm。

(4)螺母加工面上不允许有裂纹。

(5)蜗杆齿面硬度HRC35～HRC45,齿面粗糙度应不大于3.2 μm。

(6)蜗杆加工面上不允许有裂纹,齿面上不允许有缺损。

(7)蜗轮加工面上不允许有裂纹,齿面上不允许有缺损。齿面粗糙度不大于6.3 μm。

(8)机箱和机座不允许有裂缝,不允许焊补。

(9)机箱接合面间的间隙不超过0.03 mm。

尺寸误差检测可采用钢板尺、水平仪、钢丝线等器具；表面粗糙度采用便携式粗糙度计或比较试块进行检测。表面硬度采用便携式硬度计或相关测量器具进行检测。间隙测量采用直尺或塞尺等测量器具。

二、安装质量检测

现场安装之前，要先进行厂内组装，通电正反转运行 10 min，检查皮带轮、皮带、蜗轮、蜗杆及螺母传动系统的运转状况。

现场安装完成后，检测内容及技术要求如下所述：

(1)启闭机平台高程偏差不超过 ±5 mm，水平偏差不大于 0.5/1 000。

(2)机座纵、横向中心线与闸门吊耳起吊中心线的距离偏差不超过 ±1 mm。

(3)机座与基础板局部间隙不超过 0.2 mm。非接触面不大于总接触面的 20%。

安装尺寸误差检测可采用全站仪、水准仪、经纬仪等仪器；间隙测量采用直尺或塞尺等测量器具。

三、现场试验检测

(一)电气设备试验

(1)接电试验前检查全部接线，应符合图样规定，线路的绝缘电阻应大于 0.5 MΩ。

(2)试验中电动机和电气元件温升不能超过各自的允许值，试验应采用该机自身的电气设备。元件触头有烧灼者应予更换。

(二)无荷载试验

启闭机不带闸门运行。试验在全行程内往返进行 3 次，检测内容及技术要求如下所述：

(1)电动机运行三相电流不平衡度不超过 10%，电气设备有无异常发热现象。

(2)启闭机运行到行程的上、下极限位置时，行程限位开关能发出信号并自动切断电源，使启闭机停止运转。

(3)所有机械部件运转时，无冲击声和其他异常声音。

绝缘电阻检测采用兆欧表，电流检测采用电流表，温度检测采用非接触式红外线温度计，噪声检测可采用噪声声级计或相关测量仪器检测。

(三)荷载试验

启闭机带闸门运行。试验在动水工况下全行程内往返 2 次，检测内容及技术要求如下所述：

(1)传动零件运转平稳，无异常声音、发热和漏油现象。

(2)行程开关动作灵敏可靠。

(3)荷载控制装置、高度指示装置动作灵敏，指示正确，安全可靠。

(4)双吊点启闭机同步升降无卡阻现象。

(5)电机驱动运行应平稳，传动皮带无打滑现象。

第六节　启闭机型式试验

一、型式试验要求

启闭机型式试验要求如下所述。

(1)启闭机凡属下列情况之一者，均应进行型式试验：

①首台投入生产的新产品；

②老产品转厂生产的；

③产品停产达1年以上，再重新投产的；

④正式生产后，如主要结构、材料、关键工艺、重要机构、安全保护装置有较大改变，影响产品安全性能的；

⑤国家质量监督机构根据有关法律、法规和安全技术规范提出型式试验要求的。

(2)正常生产时每半年应进行一次抽检，每次抽检的数量应不少于1台，每年至少应抽检两台不同品种或者不同规格的启闭机进行型式检验。

(3)对于在室内无法进行试验的大型起重机械的整机型式试验，申请单位应当提出书面申请，经型式试验机构确认，设备安装地的省局特种设备安全监察机构同意后，可以在使用单位现场进行试验，在使用单位现场进行型式试验时，试验现场应符合下列条件：

①试验现场的环境和场地条件应符合相关标准及产品使用说明书的要求；

②试验现场应具备必要的安全防护措施，不应有影响试验的物品、设施；

③试验现场应设置进行试验的警示牌，禁止与试验无关的人员进入；

④试验人员和配合人员应当配备和穿戴试验作业必需的个体防护用品，并遵守安全作业规程。

(4)型式试验的原始记录表格由检验检测机构根据试验细则的要求统一制定，在本单位正式发布使用。原始记录表中试验项目不得少于规定的试验内容，且应方便现场操作和记录填写。

(5)试验过程中，试验人员应当详细记录各个项目的检测情况及试验结果。原始记录填写时，有测试数据要求的项目应填写实测数据；无量值要求的定性项目应用文字表述试验状况和结果；需要另列表格或附图的，应附上表格或附图，保证原始记录的可追溯性。

(6)原始记录必须由具有检验师资格的试验人员和审核人员审核签字，并注明日期。

(7)型式试验的判定规则为：试验细则规定的所有检验和试验项目单项全部合格，则综合判定为合格。试验细则规定的所有检验和试验项目单项出现不合格，则综合判定为不合格。对综合判定为不合格的制造单位，受检单位整改后，仍可以申请进行复检。

二、型式试验原则

型式试验以产品型号规格为基本单位进行。

型式试验的试验原则如下所述：

(1)不同型号的系列产品分别进行型式试验。

(2)同一型号的系列产品按照规格(主要参数系列值)从高向低覆盖。

(3)超大型起重机械(额定起重量大于320 t)应逐台进行型式试验。

三、型式试验程序

型式试验程序如下所述：

(1)额定起重量小于320 t(含320 t)的起重机械，型式试验程序为申请、受理、型式试验、审定制造许可明细表。

(2)额定起重量大于320 t的起重机械和安全保护装置，型式试验程序为申请、受理、型式试验、备案、公告。

四、型式试验内容

启闭机型式试验一般应包括以下内容：

(1)启闭机出厂检验所包含的所有项目。

(2)漆膜附着力。

(3)静载试验。

(4)动载试验。

(5)快速启闭机的快速闭门试验。

(6)高度指示器的检查。

(7)整机噪声检查。

(8)超载限制器的检查。

第六章　压力钢管质量检验

第一节　概　述

一、检验项目

压力钢管质量检验项目主要包括：

(1)压力钢管主要构件材料质量检验。

(2)压力钢管主要零件材料(铸钢件和锻钢件)质量检验。

(3)压力钢管主体焊接结构件焊接质量检验。

(4)压力钢管组装检验。

(5)压力钢管防腐蚀质量检验。

(6)压力钢管安装质量检验。

二、检验所需资料

压力钢管质量检验所需资料主要包括：

(1)压力钢管设计图样和设计文件。

(2)主要材料及外协加工件的质量证明书。

(3)设计修改通知单。

(4)压力钢管焊缝质量检验报告。

(5)重大缺欠处理记录和有关会议纪要。

(6)制造和安装检测记录。

三、检验仪器与工具

压力钢管质量检验仪器与工具应达到的要求主要有以下几点。

(1)质量检验所使用的测量仪器与工具的精度必须达到下述规定：

①精度不低于Ⅱ级的钢卷尺；

②DJ2 级以上精度的经纬仪；

③DS3 级以上精度的水准仪；

④精度不低于 ±10% 的涂镀层测厚仪(《水利工程压力钢管制造安装及验收规范》(SL 432—2008)规定)或精度 ±(3% H +1) μm 及以上的涂镀层测厚仪(《水电水利工程压力钢管制造安装及验收规范》(DL/T 5017—2007)规定)；

⑤测量精度 ±0.5 ℃及以上的测温仪；

⑥测量精度 ±2% RH 及以上的湿度仪；

⑦精度±2%及以上的焊接用气体流量计。

(2)所用的测量仪器与工具经法定计量部门检定合格,并在有效期内使用。

四、检验主要标准及规范

压力钢管检验的主要标准及规范有:

(1)《水电水利工程压力钢管制造安装及验收规范》(DL/T 5017)。

(2)《钢制压力容器》(GB 150)。

(3)《电站钢结构焊接通用技术条件》(DL/T 678)。

(4)《钢焊缝手工超声波探伤方法和探伤结果分级》(GB 11345)。

(5)《承压设备无损检测》(JB/T 4730)。

(6)《金属熔化焊焊接接头射线照相》(GB/T 3323)。

(7)《无损检测 焊缝磁粉检测》(JB/T 6061)。

(8)《无损检测 焊缝渗透检测》(JB/T 6062)。

(9)《涂覆涂料前钢材表面处理 表面清洁度的目视评定 第1部分:未涂覆过的钢材表面和全面清除原有涂层后的钢材表面的锈蚀等级和处理等级》(GB/T 8923.1)。

(10)《涂覆涂料前钢材表面处理 表面清洁度的目视评定 第2部分:已涂覆过的钢材表面局部清除原有涂层后的处理等级》(GB/T 8923.2)。

(11)《涂覆涂料前钢材表面处理 表面清洁度的目视评定 第3部分:焊缝、边缘和其他区域的表面缺陷的处理等级》(GB/T 8923.3)。

(12)《涂覆涂料前钢材表面处理 表面清洁度的目视评定 第4部分:与高压水喷射处理有关的初始表面状态、处理等级和闪锈等级》(GB/T 8923.4)。

(13)《涂覆涂料前钢材表面处理 喷射清理后的钢材表面粗糙度特性 第1部分:用于评定喷射清理后钢材表面粗糙度的ISO表面粗糙度比较样块的技术要求和定义》(GB/T 13288.1)。

(14)《涂覆涂料前钢材表面处理 喷射清理后的钢材表面粗糙度特性 第2部分:磨料喷射清理后钢材表面粗糙度等级的测定方法 比较样块法》(GB/T 13288.2)。

(15)《涂覆涂料前钢材表面处理 喷射清理后的钢材表面粗糙度特性 第3部分:ISO表面粗糙度比较样块的校准和表面粗糙度的测定方法 显微镜调焦法》(GB/T 13288.3)。

(16)《涂覆涂料前钢材表面处理 喷射清理后的钢材表面粗糙度特性 第4部分:ISO表面粗糙度比较样块的校准和表面粗糙度的测定方法 触针法》(GB/T 13288.4)。

(17)《涂覆涂料前钢材表面处理 喷射清理后的钢材表面粗糙度特性 第5部分:表面粗糙度的测定方法 复制带法》(GB/T 13288.5)。

(18)《色漆和清漆 漆膜的划格试验》(GB/T 9286)。

(19)《热喷涂金属和其他无机覆盖层 锌、铝及其合金》(GB/T 9793)。

(20)《水电水利工程金属结构设备防腐蚀技术规程》(DL/T 5358)。

(21)《钢结构工程施工质量验收规范》(GB 50205)。

(22)《水工金属结构制造安装质量检验通则》(SL 582)。

第二节　制造质量检验

一、材质检验

压力钢管材质检验的主要内容有：

(1)压力钢管使用的钢板应符合设计文件规定，钢板的性能和表面质量应符合相应的国家标准规定。

(2)压力钢管钢板应具有出厂质量证明书。当无出厂质量证明书或钢板标号不清或对材质有疑问时，应对钢板进行复验，复验合格后方可使用。

二、直管、弯管和渐变管尺寸检验

直管、弯管和渐变管尺寸检验的主要内容包括以下几点。

(1)管节纵缝不应设置在管节横断面的水平轴线和垂直轴线上，其与水平轴线和垂直轴线的圆心夹角应大于10°，且相应弧线距离应大于300 mm及10倍管壁厚度。

(2)相邻管节的纵缝距离应大于板厚的5倍且不小于300 mm。

(3)在同一管节上，相邻纵缝间距不小于500 mm。

(4)直管环缝间距不宜小于500 mm；弯管、渐变管等结构的环缝间距不宜小于下列各值之大者：10倍管壁厚度、300 mm、$3.5\sqrt{r\delta}$（r为钢管内半径，δ为钢管壁厚）。

(5)钢板卷板后，将瓦片以自由状态立于平台上，用样板检查弧度，其间隙应符合表6-1的规定。

表6-1　样板与瓦片的极限间隙

钢管内径D(m)	样板弦长(m)	样板与瓦片的极限间隙(mm)
$D\leqslant2$	$0.5D$(且不小于500 mm)	1.5
$2<D\leqslant5$	1.0	2.0
$5<D\leqslant8$	1.5	2.5
$D>8$	2.0	3.0

(6)钢管对圆后，其周长差应符合表6-2的规定。

表6-2　钢管周长差　（单位：mm）

项目	板厚δ	极限偏差
实测周长与设计周长差	任意板厚	$\pm3D/1\,000$，且极限偏差±24
相邻管节周长差	$\delta<10$	6
	$\delta\geqslant10$	10

(7)钢管纵缝、环缝的对口径向错边量的极限偏差应符合表6-3的规定。

表 6-3　钢管纵缝、环缝的对口径向错边量的极限偏差　（单位：mm）

焊缝	板厚 δ	极限偏差
纵缝	任意板厚	10% δ，且不大于 2
环缝	$\delta \leqslant 30$	15% δ，且不大于 3
	$30 < \delta \leqslant 60$	10% δ
	$\delta > 60$	$\leqslant 6$
不锈钢复合钢板焊缝	任意板厚	10% δ，且不大于 1.5

(8)纵缝焊接后，用样板检查纵缝处弧度，其间隙应符合表 6-4 的规定。

表 6-4　钢管纵缝处弧度的极限间隙

钢管内径 D(m)	样板弦长(mm)	样板与纵缝的极限间隙(mm)
$D \leqslant 5$	500	4
$5 < D \leqslant 8$	$D/10$	4
$D > 8$	1 200	6

(9)钢管横截面的形状偏差应符合下列规定：

①圆形截面的钢管，圆度(指同端管口相互垂直两直径之差的最大值)偏差不大于 $3D/1\ 000$，且最大值不大于 30 mm，每端管口应测 2 对直径，两次测量应错开 45°；

②椭圆形截面的钢管，长轴 a 和短轴 b 的长度与设计尺寸的偏差不大于 $3a$(或 $3b$)/1 000，且极限偏差为 ±6 mm；

③矩形截面的钢管，长边 A 和短边 B 的长度与设计尺寸的偏差不大于 $3A$(或 $3B$)/1 000，且极限偏差为 ±6 mm，每对边应测三处，对角线差不大于 6 mm；

④正多边形截面的钢管，外接圆直径 D 的最大直径和最小直径之差不应大于 $3D/1\ 000$、最大相差值不应大于 8 mm，且与图样标准值之差的极限偏差为 ±6 mm；

⑤非圆形截面的钢管局部平面度每米范围内不大于 4 mm。

(10)单节钢管长度与设计长度之差的极限偏差为 ±5 mm。

(11)加劲环、支承环、止推环和阻水环的内圈弧度用样板检查，其间隙应符合表 6-1的规定。

(12)加劲环、支承环、止推环和阻水环与钢管外壁的局部间隙不大于 3 mm。

(13)钢管加劲环、止推环和支承环等组装的极限偏差应符合表 6-5 的规定。

(14)加劲环、支承环、止推环和阻水环的对接焊缝与钢管纵缝应错开 200 mm 以上。

(15)加劲环、支承环、止推环与钢管的连接焊缝，在钢管纵缝交叉处，应在加劲环、支承环、止推环内弧侧开半径 25 ~ 50 mm 的避缝孔。

表 6-5　钢管加劲环、止推环和支承环等组装的极限偏差　（单位：mm）

序号	项目	支承环的极限偏差	加劲环、止推环、阻水环的极限偏差	简图
1	支承环、加劲环、止推环或阻水环与管壁的垂直度	$a \leqslant 0.01H$，且不大于 3	$a \leqslant 0.02H$，且不大于 5	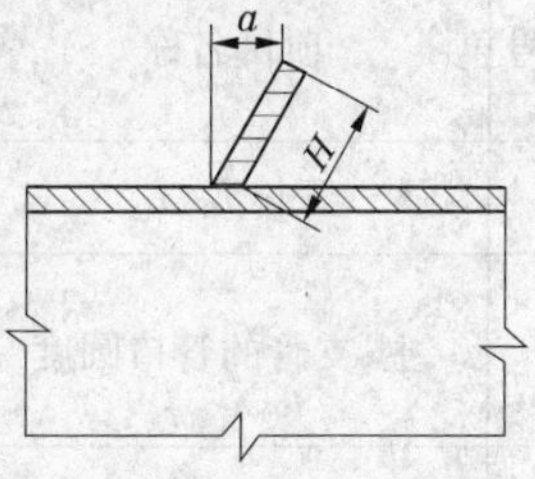
2	支承环、加劲环、止推环或阻水环所组成的平面与管轴线的垂直度	$b \leqslant 2D/1\,000$，且不大于 6	$b \leqslant 4D/1\,000$，且不大于 12	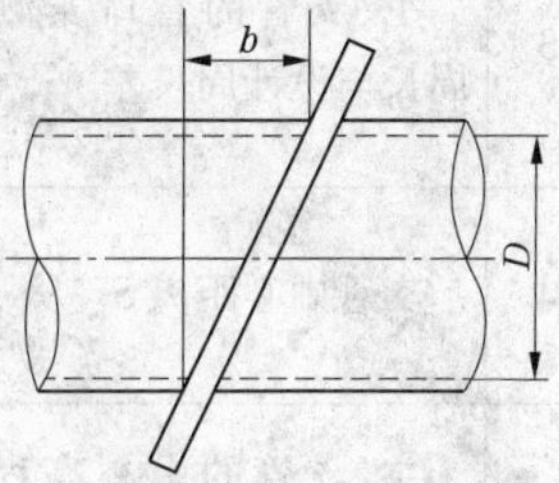
3	相邻两环的间距偏差	±10	±30	

三、岔管和伸缩节尺寸检验

岔管和伸缩节尺寸检验的主要内容包括以下几点。

(1)肋梁系岔管宜在制造场内进行整体预组装或组焊，预组装或组焊后的岔管各项尺寸应符合表 6-6 的规定。

(2)球形岔管的球壳板尺寸应符合下列要求：

①样板与球壳板的极限间隙应符合表 6-7 的规定；

②球壳板几何尺寸极限偏差应符合表 6-8 的规定。

(3)球形岔管应在厂内进行整体预组装或组焊，各项尺寸的极限偏差除应符合表 6-6的有关规定外，还应符合表 6-9 的规定。

(4)伸缩节内、外套管和止水压环焊接后的弧度，应采用样板检查，其间隙在纵缝处不大于 2 mm；其他部位不大于 1 mm。在套管的全长范围内，检查上、中、下三个断面。

(5)伸缩节内、外套管和止水压环的实测直径与设计直径的极限偏差应为 $\pm D/1\,000$，且在 ±2.5 mm 范围内。伸缩节内、外套管的实测周长与设计周长的极限偏差应为 $\pm 3D/1\,000$，且最大值不大于 8 mm。

(6)伸缩节内、外套管间的最大间隙、最小间隙与平均间隙之差不大于平均间隙的 10%。

(7)波纹管伸缩节应进行 1.5 倍工作压力的水压试验或 1.1 倍工作压力的气密性试验。水头 $H \leqslant 25$ m 时,可只做焊缝煤油渗透试验。

表 6-6　肋梁系岔管组装或组焊后的极限偏差

序号	项目名称	内径 D(m)和板厚 δ(mm)	极限偏差(mm)	简图
1	管长 L_1、L_2	—	±10	—
2	主、支管的管口圆度	—	$3D/1\ 000$,且不大于 20	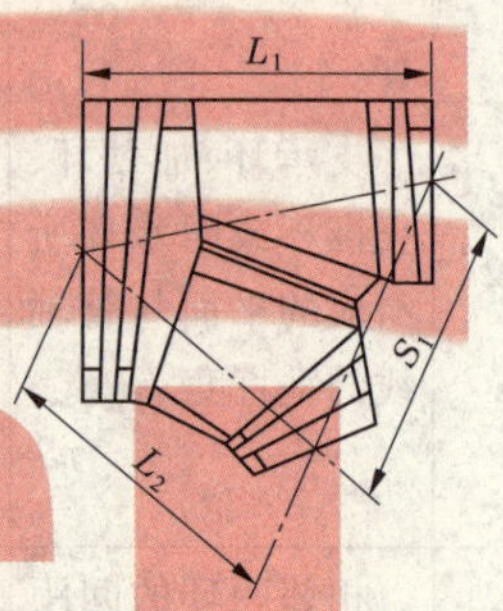
3	主、支管的管口实测周长与设计周长差	—	$\pm 3D/1\ 000$,且极限偏差 ±20,相邻管节周长差≤10	
4	支管中心距离 S_1	—	±10	
5	主、支管的中心高程相对差(以主管内径 D 为准)	$D \leqslant 2$	±4	
		$2 < D \leqslant 5$	±6	
		$D > 5$	±8	
6	主、支管的管口垂直度	$D \leqslant 5$	2	
		$D > 5$	3	
7	主、支管管口平面度	$D \leqslant 5$	2	—
		$D > 5$	3	—
8	纵缝对口错边量	任意板厚	$10\%\delta$,且不大于 2	—
9	环缝对口错边量	$\delta \leqslant 30$	$15\%\delta$,且不大于 3	—
		$30 < \delta \leqslant 60$	$10\%\delta$	—
		$\delta > 60$	≤6	—

表 6-7　球壳板曲率的极限间隙

球壳板弦长 L(m)	样板弦长(m)	样板与球壳板的极限间隙(mm)
$L \leqslant 1.5$	1	3
$1.5 < L \leqslant 2$	1.5	
$L > 2$	2	

表 6-8　球壳板几何尺寸极限偏差　　　（单位：mm）

项目	极限偏差
长度方向和宽度方向弦长	±2.5
对角线相对差	4

表 6-9　球形岔管组装或组焊后的极限偏差

序号	项目	钢管内径 D（m）	极限偏差	简图
1	主、支管口至球岔中心距离 L	—	+10 mm −5 mm	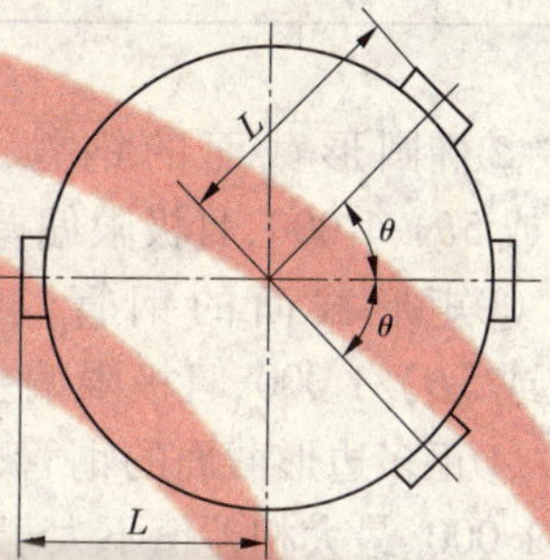
2	分岔角度	—	±30′	
3	球壳圆度	$D \leq 2$ $2 < D \leq 5$ $D > 5$	$8D/1\,000$ mm $6D/1\,000$ mm $5D/1\,000$ mm	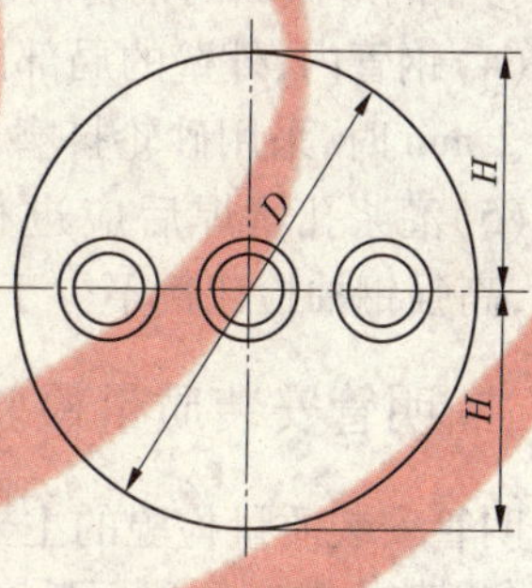
4	球岔顶、底至球岔中心距离 H	$D \leq 2$ $2 < D \leq 5$ $D > 5$	$\pm 4D/1\,000$ mm $\pm 3D/1\,000$ mm $\pm 2.5D/1\,000$ mm	

第三节　钢管安装质量检验

一、埋管安装质量检验

埋管安装质量检验的主要内容包括以下几点。

(1)埋管始装节的里程极限偏差为 ±5 mm，弯管起点的里程极限偏差为 ±10 mm，始装节两端管口垂直度不应大于 3 mm。

(2)埋管安装中心的极限偏差应符合表 6-10 的规定。

(3)钢管横截面的形状偏差应符合下列规定：

①圆形截面的钢管，圆度偏差不大于 $5D/1\,000$，且不大于 40 mm（每端管口至少测

两对直径)；

表 6-10 埋管安装中心的极限偏差

序号	钢管内径 D（m）	始装节管口中心极限偏差(mm)	与蜗壳、伸缩节、蝴蝶阀、球阀、岔管连接的管节及弯管起点的管口中心极限偏差(mm)	其他部位管节的管口中心极限偏差(mm)
1	$D \leqslant 2$	5	6	15
2	$2 < D \leqslant 5$		10	20
3	$5 < D \leqslant 8$		12	25
4	$D > 8$		12	30

②椭圆形截面的钢管，长轴 a 和短轴 b 的长度与设计尺寸的偏差不大于 $5a$(或 $5b$)/1 000，且极限偏差 ±8 mm；

③矩形截面的钢管，长边 A 和短边 B 的长度与设计尺寸的偏差不大于 $5A$(或 $5B$)/1 000，且极限偏差 ±8 mm，每对边至少测三对，对角线差不大于 6 mm；

④正多边形截面的钢管，外接圆直径 D 测量的最大直径和最小直径之差不大于 $3D$/1 000、最大相差值不大于 10 mm，且与图样标准值之差的极限偏差 ±8 mm；

⑤非圆形截面的钢管局部平面度每米范围内不大于 6 mm。

(4)钢管内、外壁的局部凹坑深度不应大于钢管壁厚的 10%。当局部凹坑深度不大于 2 mm 时，采用砂轮打磨，平滑过渡；当局部凹坑深度大于 2 mm 时，应进行焊补。

(5)灌浆孔堵焊后应进行全面外观检查。碳素钢和低合金钢抽检比例不少于 10%，高强钢抽检比例不少于 25%，如发现裂纹，应进行 100% 检查。

二、明管安装质量检验

明管安装质量检验的主要内容包括：

(1)鞍式支座的顶面弧度采用样板检查，其间隙不大于 2 mm。

(2)滚轮式、摇摆式和滑动式支座支墩垫板的高程和纵、横向中心的极限偏差为 ±5 mm。支墩垫板与钢管设计轴线的倾斜度不大于 2/1 000。

(3)滚轮式、摇摆式和滑动式支座安装后，应动作灵活，不得有卡阻现象，接触面积不小于 75%，垫板局部间隙不应大于 0.5 mm。

(4)明管安装中心的极限偏差应符合表 6-10 的规定。明管安装后，钢管横截面的形状偏差要求与埋管相同。

第四节 焊接质量检验

一、焊缝分类及焊接质量检验

压力钢管焊缝按其受力性质、工况和重要性分为三类。具体分类情况详见第二章

第一节。

压力钢管焊缝质量检验参见第二章。

二、焊后消应力处理

焊后消应力处理的主要内容包括：

(1)钢管或岔管焊后消应处理按设计文件规定执行。

(2)高强钢的钢管或岔管不宜做焊后消应热处理。

(3)消应处理后，应提供消应热处理曲线；局部消应热处理后，至少应提供一次消应热处理后消应效果和硬度测定记录。

(4)钢管或岔管采用振动时效消应处理时，应提供焊缝消应前、后的残余应力测试数据，并记录在安装验收资料中。

(5)钢管或岔管采用爆炸消应处理时，应提供焊缝消应前、后的残余应力测试数据，并记录在安装验收资料中。

第五节　水压试验

压力钢管进行水压试验的主要内容包括：

(1)明管、岔管水压试验和试验压力值按图样或设计技术文件规定执行。水压试验应在完成几何尺寸及焊缝质量检验，并提交各项质量指标满足要求的检验报告后进行。

(2)水压试验的水温应在5 ℃以上。

(3)水压试验用压力表等级不应低于1级，有应力测试要求时应采用0.5级压力表。压力表量程不应超过试验压力的1.5倍。压力表使用前应进行检定，且不得安装在水泵和进水管上。

(4)水压试验时应分级加载，缓缓升压，加压速度以不大于0.05 MPa/min为宜。压力达到工作压力后，保持30 min以上，观察压力表指针。如果指针保持稳定，没有颤动现象，可继续加压。压力达到最大试验压力后，保持30 min以上，压力表指示的压力应无变动；然后下降至工作压力，保持30 min以上。

(5)水压试验过程中，钢管应无渗水、混凝土应无裂缝、镇墩应无异常变位和其他异常情况。

(6)水压试验完成后，应立即通过增压系统的溢流控制阀将系统外压力卸至钢管内水的自重压力。在确认管段上端的排(补)气管阀门打开后，方可进行钢管内水的排放作业。

第七章 清污装置质量检验

清污装置包括拦污栅和清污机。拦污栅用于拦截水流中的杂物,可以固定在水工建筑物上,也可以是活动的结构。清污机是一种清除附着在拦污栅上污物的机械设备。清污机型式分为耙斗式清污机和回转齿耙式清污机。

耙斗式清污机按安装方式分为固定式和移动式,按耙斗的开闭方式分为绳索式和液压驱动式。多用于水电站进水口拦污栅的清污。

回转齿耙式清污机多用于泵站进水口的清污,与拦污栅做成整体,动力装置分为液压马达驱动和电动机驱动,回转齿耙式清污机的清污刮板传动装置一般采用回转式输送链。

清污装置主要检验标准及规程有:

(1)《水电水利工程钢闸门制造安装及验收规范》(DL/T 5018)。

(2)《水利水电工程启闭机设计规范》(SL 41)。

(3)《水利水电工程清污机型式 基本参数 技术条件》(SL 382)。

(4)《产品几何技术规范(GPS) 几何公差 形状、方向、位置和跳动公差标注》(GB/T 1182)。

(5)《形状和位置公差 未注公差值》(GB/T 1184)。

(6)《产品几何技术规范(GPS) 极限与配合 第2部分:标准公差等级和孔、轴极限偏差表》(GB/T 1800.2)。

(7)《产品几何技术规范(GPS) 极限与配合 公差带和配合的选择》(GB/T 1801)。

(8)《水工金属结构焊接通用技术条件》(SL 36)。

(9)《钢焊缝手工超声波探伤方法和探伤结果分级》(GB 11345)。

(10)《金属熔化焊焊接接头射线照相》(GB/T 3323)。

(11)《无损检测 焊缝磁粉检测》(JB/T 6061)。

(12)《无损检测 焊缝渗透检测》(JB/T 6062)。

(13)《厚钢板超声波检验方法》(GB/T 2970)。

(14)《钢锻件超声检测方法》(GB/T 6402)。

(15)《铸钢件 超声检测 第1部分:一般用途铸钢件》(GB/T 7233.1)。

(16)《铸钢件 超声检测 第2部分:高承压铸钢件》(GB/T 7233.2)。

(17)《水工金属结构防腐蚀规范》(SL 105)。

(18)《涂覆涂料前钢材表面处理 表面清洁度的目视评定 第1部分:未涂覆过的钢材表面和全面清除原有涂层后的钢材表面的锈蚀等级和处理等级》(GB/T 8923.1)。

(19)《涂覆涂料前钢材表面处理 表面清洁度的目视评定 第2部分:已涂覆过的钢

材表面局部清除原有涂层后的处理等级》(GB/T 8923.2)。

(20)《涂覆涂料前钢材表面处理 表面清洁度的目视评定 第3部分:焊缝、边缘和其他区域的表面缺陷的处理等级》(GB/T 8923.3)。

(21)《涂覆涂料前钢材表面处理 表面清洁度的目视评定 第4部分:与高压水喷射处理有关的初始表面状态、处理等级和闪锈等级》(GB/T 8923.4)。

(22)《涂覆涂料前钢材表面处理 喷射清理后的钢材表面粗糙度特性 第1部分:用于评定喷射清理后钢材表面粗糙度的ISO表面粗糙度比较样块的技术要求和定义》(GB/T 13288.1)。

(23)《涂覆涂料前钢材表面处理 喷射清理后的钢材表面粗糙度特性 第2部分:磨料喷射清理后钢材表面粗糙度等级的测定方法 比较样块法》(GB/T 13288.2)。

(24)《涂覆涂料前钢材表面处理 喷射清理后的钢材表面粗糙度特性 第3部分:ISO表面粗糙度比较样块的校准和表面粗糙度的测定方法 显微镜调焦法》(GB/T 13288.3)。

(25)《涂覆涂料前钢材表面处理 喷射清理后的钢材表面粗糙度特性 第4部分:ISO表面粗糙度比较样块的校准和表面粗糙度的测定方法 触针法》(GB/T 13288.4)。

(26)《涂覆涂料前钢材表面处理 喷射清理后的钢材表面粗糙度特性 第5部分:表面粗糙度的测定方法 复制带法》(GB/T 13288.5)。

(27)《色漆和清漆 漆膜的划格试验》(GB/T 9286)。

(28)《热喷涂金属和其他无机覆盖层 锌、铝及其合金》(GB/T 9793)。

(29)《电气装置安装工程 盘、柜及二次回路接线施工及验收规范》(GB 50171)。

(30)《钢结构工程施工质量验收规范》(GB 50205)。

(31)《水工金属结构制造安装质量检验通则》(SL 582)。

第一节　拦污栅

一、拦污栅制造质量检验

(一)栅体质量检测

拦污栅栅体质量检测的主要内容包括:

(1)拦污栅单个构件制造的允许偏差应满足表7-1的规定。

表7-1　拦污栅单个构件制造的允许偏差　(单位:mm)

序号	名称	简图	公差或极限偏差
1	构件宽度(b)	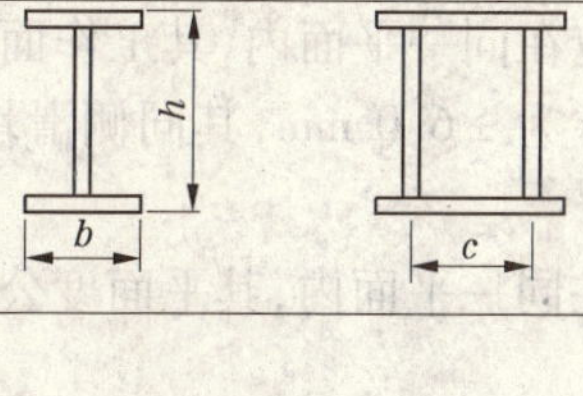	±2.0
2	构件高度(h)		
3	腹板间距(c)		

续表 7-1

序号	名称	简图	公差或极限偏差
4	翼缘板对腹板的垂直度(a)	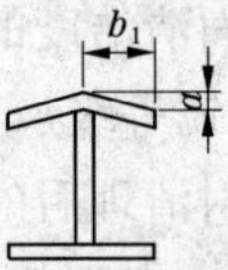 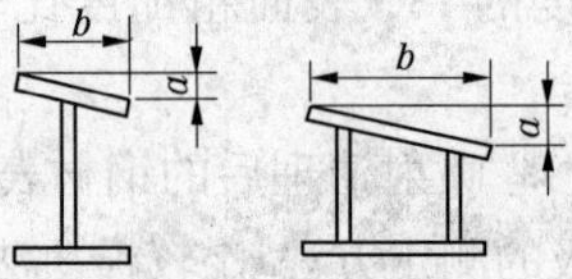	$a \leqslant b_1/150$，且不大于 2.0 $a \leqslant 0.003b$，且不大于 2.0
5	腹板对翼缘板中心位置的偏移(e)		2.0
6	腹板的局部平面度(Δ)	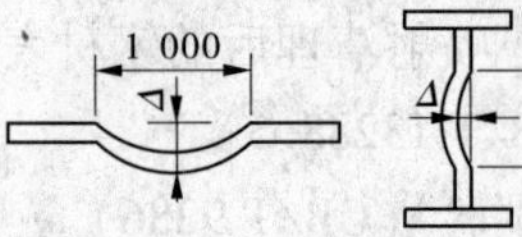	每米范围内不大于 2.0
7	扭曲		不大于 3
8	正面（受力面）弯曲度		构件长度的 1/1 500，且不大于 4.0
9	侧面弯曲度		构件长度的 1/1 000，且不大于 6.0

（2）栅体宽度和高度的极限偏差为 ±8.0 mm。

（3）栅体厚度的偏差为 ±2.0 mm。

（4）栅体对角线相对差应不大于 4.0 mm；扭曲不大于 3.0 mm。

（5）栅条间距误差应不超过设计间距的 ±3%，在 1 000 mm 长度范围内，栅条平行度应不大于 2 mm，总长度范围内应不大于 5 mm，栅条迎水面平面度应不大于 3 mm。

（6）栅体的吊耳孔中心线的距离极限偏差为 ±4.0 mm，当拦污栅与检修门共用启闭设备时，拦污栅吊耳孔中心线的距离极限偏差的要求与闸门相同。

（7）栅体的滑道支承或滚轮应在同一平面内，其工作面的平面度不大于 4.0 mm。

（8）滑块或滚轮跨度极限偏差为 ±6.0 mm，其同侧滑块或滚轮支承的中心线极限偏差为 ±3.0 mm。

（9）两边梁下端的承压板应在同一平面内，其平面度公差应不大于 3.0 mm。

(二)埋件质量检测

拦污栅埋件制造公差应满足表7-2的规定。

表7-2　拦污栅埋件制造公差

序号	项目	公差
1	工作面直线度	构件长度的1/1 000,且不大于6.0 mm
2	侧面直线度	构件长度的1/750,且不大于8.0 mm
3	工作面局部平面度	每米范围内不大于2.0 mm
4	扭曲	3.0 mm

二、拦污栅安装质量检验

拦污栅安装质量检验的主要内容包括:

(1)活动式拦污栅埋件安装公差或极限偏差应符合表7-3的规定。

表7-3　活动式拦污栅埋件安装公差或极限偏差　(单位:mm)

序号	项目	底槛	主轨	反轨
		公差或极限偏差		
1	里程	±5.0		
2	高程	±5.0		
3	工作表面一端对另一端的高差	3.0		
4	对栅槽中心线		+3.0 -2.0	+5.0 -2.0
5	对孔口中心线	±5.0	±5.0	±5.0

(2)倾斜设置的拦污栅埋件,其倾斜角度允许偏差为±10′。

(3)固定式拦污栅埋件安装时,各横梁工作表面应在同一平面内,其工作表面最高点和最低点的差值应不大于3.0 mm。

(4)拦污栅栅体调入栅槽后,应作升降试验,检查栅槽有无卡滞情况,检查栅体动作和各节的连接是否可靠。

第二节　耙斗式清污机

一、门架

耙斗式清污机门架质量检测的主要内容包括:

(1)当额定载荷位于跨中或最不利工作位置时,门架跨中的垂直挠度 Y 应符合如下规定：$Y \leqslant L/800$（L 为清污机跨度）。

（2）在悬臂上工作时，耙斗满载位于悬臂工作位置时，该处的垂直静挠度 Y_1 应符合如下规定：$Y_1 \leqslant L_c/350$（L_c 为悬臂工作长度）。

（3）主梁跨中上拱度 F 应符合如下规定：$F=(0.9 \sim 1.4)L/1\,000$，且最大上拱度应控制在跨度中部的 $L/10$ 范围内。

（4）主梁水平弯曲度应符合如下规定：$f \leqslant L/2\,000$，且最大不应超过 20 mm。

（5）门架上部平台对角线差 $|D_1-D_2|$ 应符合如下规定：$|D_1-D_2| \leqslant 5$ mm。

（6）悬臂端上翘度 F_0 应符合如下规定：$F_0=(0.9 \sim 1.4)L_c/350$。

（7）从车轮工作面算起到支腿上法兰平面（或上部平面）的高度相对差应不大于 8 mm。

二、轨道

耙斗式清污机轨道质量检测的主要内容包括：

（1）轨距公差值为 ±3 mm。

（2）大车轨道在全行程范围内最高点与最低点之差小于 2 mm。

（3）同一横截面上轨道的标高相对差，大车轨道小于 2 mm，小车轨道小于 3 mm。

三、运行机构

耙斗式清污机运行机构质量检测的主要内容包括：

（1）跨度偏差为 ±5 mm。跨度相对差应小于 5 mm。

（2）车轮垂直偏斜量应小于 $L/400$（L 为测量长度）。垂直偏斜量应在车轮架空的情况下测量。

（3）车轮的水平偏斜量应小于 $L/1\,000$（L 为测量长度），同一轴线上车轮偏斜方向应相反。

（4）同一侧车轮的同位差应小于 2 mm，两个以上车轮时应小于 3 mm。

四、耙斗

耙斗式清污机耙斗质量检测的主要内容包括：

（1）耙齿与拦污栅栅条的最小间隙应不小于 5 mm。

（2）耙齿齿尖距拦污栅横向支撑应不小于 10 mm。

（3）耙齿齿尖插入拦污栅栅面应不小于 15 mm。

（4）耙齿间距偏差应为 ±2 mm，耙齿齿尖直线度允许偏差应为 3 mm。

（5）耙斗轨道沿水流方向的错位应不大于 5 mm，垂直于水流方向的错位应不大于 2 mm。

（6）耙斗框架对角线相对差应不大于 4 mm，其扭曲应不大于 3 mm。

（7）耙斗在满载情况下主梁弯曲应不大于 $M/2\,000$，次梁弯曲应不大于 $N/200$（M 为主梁长度，N 为次梁长度）。

(8)耙斗同侧导向轮的同位差应不大于 2 mm,导向轮跨度偏差为 ±2 mm。

(9)耙斗导向槽直线度应不大于 5 mm。

(10)耙斗吊点横向中心线距离偏差为 ±2 mm。

(11)耙斗起升机构中应装有耙斗高度指示仪和上、下极限限位保护装置,双吊点同步差应不大于 5 mm。

五、运行试验

(一)空运转试验

耙斗式清污机空运转试验的内容主要包括:

(1)行走机构应在车轮架空情况下进行试验,正、反向运转,试验累计时间各 10 min。

(2)起升机构可在不带钢丝绳的情况下进行试验,正、反向运转,试验累计时间 30 min。

(3)液压耙斗作打开、关闭试验应在 10 次以上。

(二)空载试验

耙斗式清污机空载试验的内容主要包括以下几点。

(1)空载试验前应检查机械部件、连接件、各种保护装置、电气系统及润滑系统是否符合要求,检查运行轨道及耙斗导槽是否符合要求。

(2)行走机构、耙斗上下运行机构、耙斗开闭执行机构、卸污机构应分别在全行程内往返动作 3 次以上,并检查下列项目:

①电动机三相电流不平衡度应不超过 10%;

②限位开关、保护装置及联锁装置等动作应正确可靠;

③大、小车行走时车轮不允许有啃轨现象;

④耙斗导轨对位应准确;

⑤各机构动作不应有干涉、碰撞和摩擦现象,且无异常声音;

⑥液压系统应无漏油现象,液压泵站密封箱应密封良好;

⑦同一组耙齿上的油缸动作应同步,其误差在全行程范围内不应超过 3 mm;

⑧耙斗打开和关闭时活动耙齿应动作到位;

⑨高度指示仪读数与实际行程误差应不超过 5%。

(三)负荷试验

耙斗式清污机负荷试验的内容主要包括:

(1)负荷试验在空载试验合格后进行,其设备状态与实际使用状态一致。

(2)在耙斗内加质量与额定载荷相同的配重块,配重块在耙斗内应均匀分布,耙斗应呈闭合状态。

(3)耙斗上下往返运行 3 次,清污机起升机构性能应达到设计要求。

(4)应将耙斗停留在工作位置,定出测量基准点,耙斗内增加配重块至 1.25 倍额定载荷,使耙斗离开地面 100 ~ 200 mm,停留时间不少于 30 min。门架挠度值和耙斗挠度值应符合要求。

(5)设定荷载限制器超载载荷和欠载载荷,增、减耙斗内配重块,检查荷载限制器读数与配重块实际重量误差不应超过5%,并在设定范围内报警和断电。

(6)按实际清污种类和比重,取耙斗容积4倍的污物放置在耙斗抓取位置,做耙斗抓取污物和卸污动作3次,清污性能应满足设计要求。

(7)凡未在制造厂进行试验的清污机出厂前应进行总体预装。小车、起升机构、行走机构应分别进行预装。支腿与下横梁、支腿与中横梁、支腿与主梁应分别进行预装。耙斗和耙斗导槽应分别进行预装。预装后应检查零部件的完整性,保证相关几何尺寸的正确性。

第三节　回转式清污机

一、拦污栅栅体

回转式清污机拦污栅栅体质量检测的主要内容包括:

(1)最高设计水头时主梁变形应不大于$H/800$(H为主梁跨度),次梁变形应不大于$F/400$(F为次梁跨度)。

(2)栅体宽度偏差为±2 mm,栅体高度偏差为±2 mm,栅体对角线相对差应不大于4 mm,栅体扭曲应不大于3 mm,栅体厚度偏差为±2 mm。

(3)上下链轮轴平行度应不大于$0.002B$(B为同轴链轮中心距的距离),同侧链轮的同面误差应不大于$0.000\,5F$(F为上下链轮轴间的距离),同轴链轮中心距误差应不大于2 mm,同轴两链轮对应齿周向错位应不大于2 mm。

(4)栅条间距误差应不大于设计间距的±3%,在1 000 mm长度范围内,栅条平行度应不大于2 mm,总长度范围内应不大于5 mm,栅条迎水面平面度应不大于3 mm。

二、齿耙

回转式清污机齿耙质量检测的主要内容包括:

(1)耙齿与拦污栅栅条对称度应不大于4 mm。

(2)耙齿与拦污栅横向支撑的最小间距应不小于10 mm。

(3)耙齿插入拦污栅栅条内应不小于15 mm。

(4)齿耙的齿间间距误差应不大于设计间距的±3%。

(5)齿耙的齿尖与托污板的间距f应符合如下规定:$0.001\,5a \leqslant f \leqslant 0.003a$($a$为齿耙宽度)。

(6)齿耙轴在额定载荷下的最大变形量应不大于$0.002X$(X为齿耙轴的长度)。

(7)输送链链条运行轨道直线度应不大于2 mm,两轨道平行度应不大于2 mm。

(8)荷载限制器综合误差应不大于5%。传感器精度应不低于0.5%,应有报警和控制功能。

三、运行试验

（一）静载试验

回转式清污机静载试验的主要内容包括：

（1）齿耙静载试验的倾角应与实际使用状态一致。

（2）将质量与设计载荷相同的配重块均匀地固定在齿耙中间的1/3齿耙宽度处，使配重块离开地面100～200 mm，停留时间不少于30 min，齿耙轴应无永久变形，齿耙与链条连接螺栓应无变形和破损。

（二）空载运行试验

空载运行时间不应少于30 min，并应检查下列项目：

（1）检查电动机和减速器运行是否正常。

（2）齿耙应运行平稳，耙齿与栅条和护板不应有摩擦碰撞现象。

（3）链条与链轮啮合情况良好，链条无卡阻咬链现象，无异常声音。

（4）所有轴承和链条应有良好的润滑，轴承温度不应超过65 ℃。

（5）污物清除机构应与耙齿配合良好，位置可调。

（6）在无其他噪声干扰时，离设备5 m半径范围内测得的噪声不得大于85 dB(A)。

（三）负荷试验

回转式清污机负荷试验的主要内容包括：

（1）负荷试验必须在空载运行试验完成并符合要求后进行。

（2）将质量与设计载荷相同的配重块牢固地固定在总耙齿数一半的相邻齿耙上，每个齿耙上的配重块分布应均匀，配重块的大小不超出耙齿的范围。

（3）负荷试验应运行平稳，电动机三相电流不平衡度应不大于10%，齿耙无永久变形。

（4）负荷试验在厂内进行时，清污机加载试验状态应与实际使用状态一致，负荷试验连续运行时间不少于2 h。

（5）负荷试验在使用现场进行时，连续运行时间应不少于4 h。

SL